KARINA2YOU

PROBIERSEN

südwest

INHALT

Desserts 106

Snacks 134

HERZLICH WILLKOMMEN,

LIEBE FEINSCHMECKER, HOBBYKÖCHINNEN UND KÜCHENCHAOTEN!

Ich bin total aufgeregt, euch endlich mein allerersten Kochbuch vorstellen zu dürfen. Wenn ihr mich von meinen Social-Media-Kanälen kennt, dann wisst ihr, dass bei mir der Spaß am Herd nie zu kurz kommt – und das wird sich auch in diesem Buch nicht ändern! Hier findet ihr nicht nur meine liebsten Rezepte, sondern auch jede Menge Lifehacks, die euren Küchenalltag erleichtern und euch hoffentlich das eine oder andere Aha-Erlebnis bescheren. Dieses Buch ist das Ergebnis vieler Stunden in der Küche, noch mehr Stunden vor der Kamera und vor allem der großartigen Unterstützung von euch, meiner unglaublichen Community. Ohne euch wären meine Videos, die schrägen Rezepte und all die verrückten Ideen einfach nicht möglich gewesen. Eure Kommentare, Likes und das liebe Feedback haben mich immer wieder motiviert, noch ein bisschen kreativer und ein bisschen verrückter zu sein.

Also, ein riesengroßes DANKE an euch alle! Ihr seid die wahren Superstars hinter diesem Buch. Natürlich möchte ich auch meiner Freundin Nicole Mutschke danke sagen. Nicht nur für das Schreiben des Vorworts zu diesem Buch, sondern dafür, dass du mir wahrlich immer mit Rat und Tat zur Seite stehst! Liebe Nicole, Du bist ein Schatz, und ich bin sehr froh, dass ich dich an meiner Seite habe. Alle Rezepte hier in diesem Buch habe ich für euch nach meinen persönlichen Vorlieben zusammengestellt – sie haben mir und meinen Freunden viele genussvolle Momente beschert. Aber wie bei jedem guten Rezept sind auch hier der Fantasie keine Grenzen gesetzt! Fühlt euch frei, die Gerichte nach euren eigenen Wünschen und Vorlieben abzuwandeln. Besonders wenn es um Salz und Pfeffer geht: Nehmt einfach so viel, wie es euch schmeckt. Ein bisschen mehr, ein bisschen weniger – ihr seid die Chefinnen und Chefs in eurer Küche! Ich hoffe, ihr habt genauso viel Spaß beim Nachkochen und Ausprobieren wie ich beim Kreieren. Und vergesst nicht: Kochen soll Freude machen, und wenn mal etwas schiefgeht, ist das oft der Beginn einer neuen, noch besseren Kreation. Lasst uns gemeinsam lachen, lernen und natürlich schlemmen!

Und jetzt: fröhliches Probiersen!

Eure

VORWORT

Warum schreibt eine Anwältin das Vorwort zu Karinas Kochbuch? Die Frage kann ich absolut nachvollziehen, aber die Antwort ist ganz einfach: Ich kann eigentlich gar nicht kochen und ich hatte auch nie wirklich Lust dazu, aber Karina hat es geschafft, dass ich inzwischen leckere Gerichte zaubern kann und sogar Spaß dabei habe! Was liegt also näher, als mich, den ehemaligen Kochmuffel, das Vorwort schreiben zu lassen?

Begonnen hat für mich alles damit, dass ich schon lange leidenschaftlicher Fan von Karinas Lifehacks bin. Ich lache Tränen. Karina schafft es völlig mühelos und in wenigen Sekunden, Fröhlichkeit zu verbreiten und dabei noch nützliche Tipps zu geben. Und genauso ist auch ihr Buch! Karina springt förmlich aus jeder Seite des Buches und mit einem Lächeln auf den Lippen habe ich die Rezepte im wahrsten Sinne des Wortes verschlungen! Nichts ist verworren, langweilig und verstaubt, sondern alles unkompliziert, schnell und fröhlich. Genauso wie Karina selbst eben, nicht nur in den sozialen Medien, sondern auch im echten Leben! Während des Kochens konnte ich Karina nahezu durch ihre Küche wirbeln sehen und die Fotos in dem Buch zeigen Karina, wie ich sie in ihrer eigenen Küche schon so oft gesehen habe. Das Buch ist kein anonymes Kochbuch, das irgendwo produziert wurde, sondern ich erkenne Karinas Küche wieder, ihre Pfannen und ihr Geschirr.

Karina ist inzwischen eine enge Freundin von mir. Wir treffen uns oft und wir sehen uns gegenseitig als Teil der Familie an. Es ist fantastisch, dass Karina in ihrem Kochbuch auch dich als Leserin und Leser in ihre Küche einlädt und du Karina so sehen kannst, wie ich sie als Freundin so oft sehe. Du siehst die wundervolle, fröhliche Karina, wie sie für dich kocht! *Probiersen* ist mehr als ein Buch. Es ist eine herzliche Einladung, der großartigen Gastgeberin und wundervollen Köchin Karina über die Schulter zu blicken.

Ich wünsche euch also ganz viel Spaß beim Kochen mit vielen Karina-Momenten!

Nicole Mutschke

DAS BIN ICH

HALLO, LIEBE LESERINNEN UND LESER,

ich heiße Karina. Sicherlich kennst du mich eher als karina2you. Vielleicht hast du dich auch schon mal gefragt, woher dieser Name eigentlich kommt? Es ist ganz einfach: Mein größter Wunsch ist und war es immer, dir in deinem Alltag etwas Spaß und eine kleine Freude zu bereiten. Meine Kanäle, sei es TikTok, Instagram oder YouTube, führe ich für dich und meine gesamte Community. Was lag also näher, als meinen Kanälen einen Namen zu geben, der diese tiefe Verbundenheit mit euch zum Ausdruck bringt? So kam ich nach langem Grübeln letztendlich auf den Namen »karina2you«. Jetzt gerade freue ich mich mega, dass du in meinem Kochbuch liest und vielleicht auch eines meiner Rezepte nachkochst! Aber natürlich sollst du in diesem Buch nicht nur tolle Rezepte und superleckeres Essen, sondern auch mich ein Stückchen kennenlernen – wo ich herkomme, wie ich kochen gelernt habe und auch was mir wichtig ist. Also, ich wünsche dir viel Vergnügen!

Ich komme ursprünglich aus einem kleinen Dorf namens Limbazi in den Bergen Lettlands. Ich muss zugeben, als Kind konnte ich gar nicht kochen! Es reichte gerade mal, um Kartoffeln braun zu braten – aber so richtig kochen? Das konnte ich (noch) nicht. Trotzdem habe ich in der Küche viel und gerne geholfen, zum Beispiel beim Gemüse-Schnippeln oder bei anderen kleinen Aufgaben. Meine Liebe zum Kochen habe ich definitiv von meinem Vater und meiner Oma geerbt. Mein Vater hat ständig in der Küche herumexperimentiert und außergewöhnliche Sachen ausprobiert, wie zum Beispiel seine leckeren Mandarinensaucen. Dank ihm, der immer mit unglaublichen Gewürzkombinationen herumprobierte, hatten wir oft Gerichte mit einer einzigartigen Geschmacksnote auf dem Tisch. Er verstand es einfach, die wildesten Gewürzkreationen in seinen Gerichten unterzubringen. Und was soll ich euch sagen? Die Gerichte waren immer köstlich, egal, ob es sich um Marinaden oder Salate handelte! Zudem besaß er früher vier Tankstellen in Lettland – meine Oma arbeitete in einer von ihnen. Meine Oma war eine richtig professionelle Köchin und hat uns beigebracht, wie man verschiedene leckere Sachen zubereitet, die man früher nicht einfach so in den Geschäften kaufen konnte. Ich habe sie oft besucht, damit ich diese direkt probieren konnte! Im Vergleich dazu hat meine Mutter eher weniger gekocht, aber ihre Suppen und Salate sind legendär, denn sie waren immer perfekt zubereitet und ich habe sie geliebt. Diese kleinen Geschichten zeigen, wie wichtig die Familie und das Umfeld sind, um eine Leidenschaft für das Kochen zu entwickeln. Mit ein wenig Experimentierfreude und Kreativität kann man leicht außergewöhnliche Gerichte zaubern, die alle begeistern!

Ich muss zugeben, früher habe ich wenig Zeit in der Küche verbracht, weil mich niemand dort hineingelassen hat. Ich erinnere mich, dass ich mal die tolle Idee hatte, meine Eltern zu überraschen. Ich hatte zuvor eine Sendung gesehen, in der gezeigt wurde, wie man Limonade in eine Wassermelone füllt, eine Banane hinzufügt und das Ganze püriert. Anschließend sollte dies ein leckerer Cocktail sein. Diese Idee begeisterte mich natürlich sofort!

Eines Sommers war meine Familie in unserem Landhaus und wir erwarteten Gäste. Mein Vater hatte eine riesige Wassermelone gekauft, die bestimmt 18 bis 19 Kilo wog. Das war natürlich meine Chance, mich als Köchin zu beweisen! Also schnitt ich die Wassermelone auf, pürierte sie und mischte Limonade dazu. Dann ließ ich die Mischung über Nacht stehen. Am nächsten Tag kamen die Gäste. Mein Vater fragte: »Wo ist die Wassermelone?« Stolz antwortete ich: »Moment, ich hole sie.« Was soll ich euch sagen? Die Wassermelone war total sauer und gammelig geworden! Für mich war das damals eine wirklich bittere Erfahrung – meine Eltern haben mich natürlich ausgeschimpft, es war überhaupt nicht lustig für mich. Damals dachte ich, dass ich besser keine Experimente mehr in der Küche durchführen sollte. Wie gut, dass ich mich später nicht daran gehalten habe … Früher war ich außerdem immer fest davon überzeugt, keine Rezepte zu brauchen, wenn ich etwas backte. Ich glaubte einfach so sehr an meine eigenen Fähigkeiten!

Eines Morgens, ein paar Monate nach meinem Wassermelonen-Debakel, wollte ich meine Eltern wieder überraschen. Diesmal entschied ich mich

dazu, kleine amerikanische Pfannkuchen zu machen. Also dachte ich mir: Das kann nicht so schwer sein – ein bisschen Mehl, Milch und Backpulver. Ein Rezeptbuch? Pah, wer braucht das schon? Ich hatte noch Kefir zu Hause, und so nahm ich Mehl, jede Menge Eier – ich dachte, fünf Eier könnten nicht schaden – und schüttete alles nach Gefühl zusammen. Dazu kam die ganze Buttermilch, die ich finden konnte, und natürlich das Backpulver. Nun, wir hatten Backpulver immer in einer 500-Gramm-Packung und ich dachte, 100 Gramm davon wären bestimmt nicht zu viel. Wenn ich 300 Gramm Mehl nehme, dann noch 100 Gramm Backpulver – das klingt doch perfekt, oder? Ich mischte alles zusammen und wartete auf das perfekte Ergebnis. Was ich jedoch bekam, war eine volle Katastrophe! Die Mischung begann zu schäumen und wurde sauer. Sie stieg und schäumte über den Rand hinaus. Am Ende hatte ich eine riesige Sauerei in der Küche und musste die gesamte Mischung – ich glaube, es waren insgesamt fast drei Liter – wegschütten. Manchmal lernt man eben auf die harte Tour, dass ein Blick ins Rezeptbuch vielleicht doch keine schlechte Idee ist!

Marinieren war schon immer meine Leidenschaft. Einmal habe ich meiner Mutter vorgeschlagen, dass unbedingt ich das Fleisch marinieren sollte. So wie alle anderen, mit Essig und so weiter – ich wusste, dass Essig ins Fleisch gehört, aber ich hatte natürlich keine Ahnung, wie viel. Ich dachte: eins zu eins, also ein Liter Wasser und ein Liter Essig … Was soll da schon schiefgehen? Man kann sich schon vorstellen, was daraus wurde. Normalerweise nimmt man einen Esslöffel Essig auf einen Liter Wasser. Aber ich? Ich habe einen halben Liter Essig auf einen Liter Wasser genommen. Ja, und das auch noch mit 5 Prozent Essigsäure. Das Ergebnis? Das Fleisch war zwar gerade noch genießbar, aber ich möchte sagen, es hatte eine recht ordentliche, nein, eine wirklich sehr säuerliche Note. Diese Eskapade aus Lettland bleibt uns wohl noch lange im Gedächtnis.

Grundsätzlich ist Grillen bei uns zu Hause immer ein großes Happening, insbesondere, wenn wir Gäste erwarten. Mal wieder erwarteten wir Besuch und mein Mann und ich beschlossen, Fleisch zu grillen. Ihr wisst, ich liebe Lifehacks und probiere immer wieder die neuesten Tricks und Kniffe aus. Ich hatte also irgendwo auf Pinterest gelesen, dass Kiwi das Schweinefleisch besonders zart macht. Da wir jedoch nur Hähnchenfleisch hatten, dachte ich mir: Ach, was soll's, das wird sicherlich auch damit funktionieren! Wir hatten immerhin 5 Kilo Hähnchen und ich

dachte, statt nur eine halbe Kiwi für eine Stunde zu verwenden, könnte ich doch gleich die ganze Kiwi nutzen und das Fleisch über Nacht marinieren. Toller Plan! Am nächsten Morgen kamen dann unsere Gäste – insgesamt zehn Personen – und wir bereiteten eine Menge Schaschlik vor. Mein Mann legte das Fleisch auf den Grill, und nach einer Weile rief er mich: »Du, Karina, ist das normal, dass das Fleisch vom Spieß abfällt?« Ich antwortete selbstbewusst: »Natürlich, das bedeutet, dass das Fleisch schön saftig und weich ist.« Aber als ich hinunterging, um nachzusehen, was er meinte, war das Fleisch durch die Säure der Kiwi total zerfallen. Es war so »zart«, dass es regelrecht pulverisiert war!

Seit diesem Vorfall habe ich diesen Lifehack in meiner Küche nicht mehr benutzt. Und ich habe daraus gelernt, dass man manche Lifehacks doch lieber genau befolgen sollte! Natürlich kann man das eine oder andere Experiment wagen, aber vielleicht nicht unbedingt, wenn sich zehn hungrige Gäste auf ihr Schaschlik freuen … Ich finde, dass es wichtig war, durch meine Experimente all diese Erfahrungen in der Küche gemacht zu haben. Jetzt weiß ich, dass man mit Gewürzen, Essig, Backpulver und weiteren Zutaten leicht andere Ergebnisse erzielen kann, als man erwartet hat. Ich habe daraus viel gelernt!

Trotz allem koche ich weiterhin sehr oft nach Augenmaß. Wenn ich ein Rezept schon ein bisschen kenne, verlasse ich mich gerne auf mein Gefühl und die Erfahrung. Ein Blick ins Rezeptbuch kann manchmal nützlich sein, aber ein bisschen Freiheit und Kreativität gehören für mich einfach dazu. Kochen bleibt ein Abenteuer, bei dem man immer wieder Neues entdecken kann! Also folge auch du deinem Gefühl und natürlich deinen persönlichen Vorlieben. Und wenn dir ein Rezept nicht so ganz schmeckt, tausche einfach mal eine Zutat aus oder verändere die Mengen ein wenig. In der Liebe und in der Küche ist alles erlaubt. Und was soll schon ernsthaft schiefgehen?

Also, wenn ihr mich fragt: Essen darf alles sein, aber nicht langweilig! Es muss einfach einen Geschmack haben, den man genießen kann. Das erinnert mich an die Zeit, als wir Mandarinen zu Weihnachten bekamen. Der Duft und Geschmack dieser Mandarinen ist für mich unvergesslich, weil wir sie nur während einer kurzen Zeit im Jahr essen konnten und das ganze Haus danach roch.

Genauso wichtig finde ich es, dass die Gerichte, die ich heute koche, lange in Erinnerung bleiben. In der heutigen Zeit sind viele Leute extrem beschäftigt – da kommen Fertiggerichte natürlich gelegen. Ich kann das durchaus nachvollziehen – natürlich ist es einfacher, etwas Fertiges zu kaufen. Aber ich sage dir, ein Fertiggericht wird dir niemals dasselbe Geschmackserlebnis bieten wie selbst gekochtes Essen. Für mich gibt es nichts Schöneres, als seine Zeit zu investieren, um die eigene Familie mit einem leckeren selbst gekochten Essen zu überraschen!

Ich muss zugeben: Auch ich bin natürlich schon mal schwach geworden. Einmal habe ich versucht, meine Kinder zu überlisten, indem ich einfach eine fertige Lasagne aus dem Supermarkt gekauft habe. Ich war müde und hatte mal wieder viel zu tun, also dachte ich, dass bei einer Lasagne wohl nichts schiefgehen könne. Aber doch, es kann alles schiefgehen – die Sauce war zu dick und insgesamt hat das einfach nicht geschmeckt!

Ich habe die fertige Lasagne auf dem Teller serviert und gesagt, dass ich sie selbst gemacht habe. Meine Kinder haben nur einen Löffel gebraucht und dann gefragt: »Du hast das doch nicht selbst gemacht, oder?!« Ich musste zugeben: »Nein.« Da meinten meine Kinder: »Mama, bitte nie wieder Lasagne aus dem Supermarkt!« Seitdem ist fertige Lasagne für uns erledigt. Diese selbst zu machen, ist deutlich besser, weshalb ich in diesem Buch extra ein megaleckeres und einfaches Rezept für Lasagne mit aufgenommen habe. Viel Spaß beim Nachkochen!

In unserer Familie sind Suppen ganz wichtig. Bei uns in Lettland essen die Menschen diese oft und gerne. Dazu gehört natürlich immer eine Scheibe leckeres Brot und oft auch eine Knoblauchzehe. Ja, ich weiß, was du jetzt denkst – das riecht nachher etwas streng, aber Knoblauch ist unglaublich gesund. Dieser steckt voller Vitamine und tut unserem Körper gut. Also, keine Scheu vor dem Knoblauchgeruch – es lohnt sich! Außerdem ist flüssige Nahrung wie Suppe wirklich wichtig für unseren Körper und tut richtig gut. Auch kann Suppe, richtig zubereitet, seeeehr lecker sein!

Ab und zu so ein leckeres Süppchen zu essen, ist einfach herrlich. Zum Beispiel meine Sauerampfersuppe – die kenne ich noch aus meiner Kindheit. Damals mussten wir noch auf die Wiese gehen und selber Sauerampfer pflücken ... Ich habe Sauerampfer geliebt, aber das Pflücken eher weniger. Ich muss zugeben, mittlerweile holen wir den Sauerampfer aus dem Glas. Probiere einfach mal die Sauerampfersuppe. Ich verspreche dir, auch du wirst sie lieben! Suppen sind nicht nur nahrhaft und gesund, sondern bringen auch Wärme und Geborgenheit in den Alltag. Immer wenn ich nach Lettland komme, kriege ich von meiner Mutter kalte Suppe serviert. Kalte Suppe? Das soll schmecken?, fragst du dich jetzt vielleicht. Ich kann dir nur empfehlen, die Suppe selbst auszuprobieren.

Das ist eine richtige Geschmacksexplosion, besonders wenn es draußen heiß ist! Diese kühle Note der Suppe ist wahnsinnig erfrischend. Ich kenne das selbst: Bei heißem Wetter hat man oft keinen großen Appetit. Deshalb kühlen wir uns in Lettland ganz schnell und einfach mit diesen kalten Suppen ab und stärken uns gleichzeitig. Sie sind nicht nur erfrischend, sondern auch leicht und nährstoffreich – genau das Richtige an einem heißen Sommertag. So bleiben wir erfrischt und satt, ohne uns schwer zu fühlen. Ich verspreche dir, du wirst es lieben und schätzen lernen.

Und falls du Angst vor dem Geschmack der Roten Bete hast – keine Sorge, der kommt nicht so stark heraus. Mit allen Zutaten in dieser kalten Suppe kann man wunderbar variieren. Du kannst natürlich etwas rausnehmen, wenn es dir nicht schmeckt, aber probiere es ruhig – auch mit den Lauchzwiebeln. Wenn du keine Lauchzwiebeln magst, hacke sie einfach klein und gib ihnen eine Chance. Sie können das Gericht wirklich aufwerten und für eine überraschend leckere Note sorgen.

Vielleicht wunderst du dich, warum in meinem Buch so viele Hähnchengerichte zu finden sind. Ja, ich muss zugeben, ich liebe Hähnchen! Als Kind bin ich förmlich damit groß geworden. Du kannst mich sogar nachts für Hähnchen aufwecken. Auch in Lettland lieben wir es. Bei uns in den Läden gibt es warm geräucherte Hähnchen, und auch wir räuchern sie schon mal selbst bei uns im Garten.

Zu Hähnchen fällt mir immer ein besonderes Erlebnis aus meiner Kindheit ein: Meine Oma hatte Geburtstag – so weit, so gut. Sie hatte zwei leckere Hähnchen zubereitet – wir hatten etwa 20 Gäste und die Hähnchen waren dementsprechend schön groß. Eins stand auf der einen Seite des Tisches, das zweite auf der anderen. Ich habe dieses Fleisch schon damals geliebt und natürlich immer darauf geachtet, wo die Hähnchen standen, damit ich mich genau dort hinsetzen konnte.

Ein Freund meiner Oma machte sie sichtlich amüsiert darauf aufmerksam, dass ich es mit elf Jahren tatsächlich geschafft hatte, beide Hähnchen ganz allein zu verputzen. Ich habe mir einfach immer etwas genommen und war stets die Erste. Diese Geschichte hält mir meine Mama immer noch vor, da meine Oma es ihr natürlich erzählt hat. Das war schon ziemlich peinlich, aber auch sehr lustig, und wir lachen noch heute gerne zusammen, wenn wir darüber reden!

Aber wie gesagt, ich liebe Hähnchen und finde, man kann es unglaublich gut und vielseitig zubereiten. Auch wenn die Brust manchmal trocken ist – da stimme ich dir zu: Wenn man das Fleisch richtig vorbereitet, kann man es schön saftig hinbekommen. Auch die Keulen und der Rest des Hähnchens können so lecker sein, dass es selbst jemand, der eigentlich kein Hähnchen mag, lieben wird.

Salate spielen übrigens auch eine große Rolle bei uns! Wenn ich nach Hause zu meiner Mama nach Lettland komme, gibt es immer eine Vielfalt an Salaten, die hervorragend zu den Hähnchengerichten passen. Hähnchen und Salate – eine unschlagbare Kombination, die ich immer wieder gerne genieße. Probiere also auch unbedingt mal eines meiner Salatrezepte aus! Ich verspreche dir, du wirst begeistert sein.

Meine Mama liebt Salate, weshalb bei uns zu Hause immer viel davon auf den Tisch kam, auch heute noch. Meine Mutter ist da sehr kreativ und packt alle möglichen Zutaten rein – Tomaten, Gurken, Paprika ... Und natürlich dürfen die Gewürze nicht fehlen! Ihr ist es ganz wichtig, dass die Salate schön würzig sind. Praktisch alles, was in unserem Garten grün und genießbar ist, wird gnadenlos klein gehackt und einfach hineingetan. Egal, ob du Petersilie magst oder nicht, es kommt mit hinein. Glaub mir, du wirst es essen und du wirst es lieben!

Es ist einfach klasse, wie man mit würzigem Balsamico oder Burrata spielen kann und wie man mit Himbeeren oder Granatapfel den Salat geschmacklich auf ein ganz anderes Level bringt. Früher kannte ich nur Tomaten, Gurken, Schmand und Sonnenblumenöl mit ein paar Kräutern dazu. Aber das, was man heutzutage noch alles dazutun kann, verwandelt einen Salat in ein richtiges Geschmackserlebnis. All die grünen Zutaten sind nicht nur gesund für unseren Körper, sondern auch extrem lecker in jedem Salat. Deswegen sind Salate meiner Meinung nach auch so wichtig – für dich, für deine Familie und für Kinder. Probiere es aus und lass dich überraschen, wie lecker ein einfacher Salat sein kann, wenn man ein bisschen experimentiert!

Ich finde, in Lettland schmecken die Gurken und Tomaten besonders aromatisch. Die Tomaten sind wirklich sehr süß. Deswegen achte ich darauf, dass ich beides entweder direkt vom Bauern kaufe oder sogar selbst anbaue. Das verleiht meinen Salaten eine ganz besondere Note. Kartoffeln und frische Zutaten aus dem Garten – das sind für mich die Grundlagen eines perfekten Essens! Egal, ob du es mit einem Dip genießt oder mit einem Hauch von Ketchup – es gibt so viele Möglichkeiten, Kartoffeln zu genießen. Probiere es aus und finde deinen Lieblingsdip!

Ich liebe Kartoffeln, auch mein Bruder ist ein großer Kartoffelfan. Egal in welcher Variation – ob aus dem Backofen oder anders zubereitet:

Kartoffeln sind einfach lecker! Besonders in Kombination mit dem passenden Dip. Was kann besser sein als ein schöner, weißer Dip zu Kartoffeln? Natürlich kannst du variieren. Mein Sohn liebt zum Beispiel Ketchup zu jedem Gericht, egal ob Kartoffeln oder Nudeln. Für mich hingegen kommt nur Joghurt oder Schmand infrage. Der Geschmack erinnert mich an meine Kindheit und ist für mich ein Muss.

Bei uns in Lettland gibt es nicht wirklich viele Nudelgerichte und deshalb findest du auch in meinem Buch nicht so viele davon. Ich bin eher mit Kartoffeln groß geworden. Ich finde Nudeln ein wenig langweilig, jedenfalls wenn ich sie pur essen soll. Nudeln müssen reichlich Sauce haben. Um es vielleicht poetisch zu sagen: Sie brauchen einen Partner, der sie auf ihrem kulinarischen Weg begleitet. Nudeln einfach so würde ich niemals essen – das mag ich einfach nicht. Aber sobald eine Sauce ins Spiel kommt, kann ich richtig reinhauen. Das bringt die Nudeln auf ein ganz anderes Level.

Als Kind habe ich immer Nudeln mit Ketchup gegessen. Eine richtige Soße gab es bei uns damals nicht. Erst in Deutschland habe ich entdeckt, wie gut Nudeln mit Sauce schmecken können. Das war der Wahnsinn! Ich finde, dass Nudeln und Käse immer eine großartige Kombination sind. Es ist echt der Hammer, wie lecker Nudeln dann schmecken können.

Bei Tacos oder Wraps habe ich mich früher immer gefragt, was ich denn damit Schönes machen könnte. Sie sehen so lecker aus und ich muss ganz ehrlich sagen: Mit Wraps gibt es keine Grenzen für deine Fantasie. Du kannst wirklich alles damit machen, was du willst. Ob herzhaft, scharf oder süß – du kannst sie ganz nach deinem Geschmack gestalten. Du kannst auch mit Saucen spielen. Es ist einfach alles möglich und eigentlich kann man nichts falsch machen.

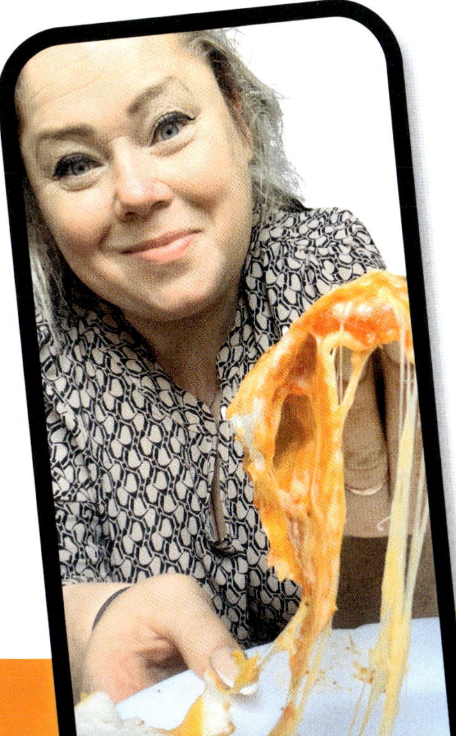

Sie sind auch perfekt, wenn überraschend Gäste kommen. Ich erinnere mich daran, dass ich mal fast nichts mehr im Kühlschrank hatte, und mir kam die Idee, Wraps mit Käse und Sauce zu machen. Das Rezept entstand spontan im Kopf und ich dachte: einfach probieren!

Meine Kinder waren total begeistert. Ich hatte zwei Packungen Wraps, und am Ende war alles weggeputzt. Meine Familie und unsere Gäste konnten nicht genug davon bekommen. Dieses Rezept ist wirklich aus der Not heraus entstanden, aber es wurde bei uns zu Hause zu einem echten Klassiker. Ich finde, Wraps sind ideal, wenn man kreativ sein möchte und mit einfachen Zutaten etwas Leckeres zaubern will. Egal ob spontan oder geplant, sie sind immer eine gute Wahl und lassen sich vor allem wunderbar an die eigenen Vorlieben anpassen.

Süßigkeiten, das ist auch so ein Thema. Ich muss sagen, als Kind habe ich wirklich extrem wenig süße Sachen gegessen. Nicht, weil ich sie nicht gemocht hätte. Nein! Es gab sie einfach nicht. Damals kannte ich keine Torten oder Desserts, wie ich sie jetzt in Deutschland kennengelernt habe. Diese ganzen Desserts, Tassenkuchen und Schokoladenzapfen sind für mich noch heute ein echtes Geschmackserlebnis. Schokoladenzapfen, das ist ein Klassiker aus meiner Kinderzeit, der damals bei uns Schokoladenkartoffeln hieß. Diese Leckerei gab es bei uns sehr selten, aber wenn, dann meistens zu Weihnachten.

Als ich das erste Mal diese Schokoladenzapfen auf TikTok gesehen und ausprobiert habe, war ich sofort total begeistert. Damals in Lettland gab es diese kleinen Kuchen oder Schokoladenkartoffeln nur zur Weihnachtszeit. Deswegen sind sie mir ganz wichtig und auch heute noch ein Highlight auf jedem Tisch. Was ich daran liebe, ist, dass man mit den Zutaten richtig spielen kann. Du kannst Beeren wie beispielsweise Himbeeren, gehackte Nüsse oder einfach etwas mehr Zucker hinzufügen. Du kannst deiner Fantasie freien Lauf lassen und die Zutaten immer wieder verändern.

Ein besonderes Erlebnis hatte ich mit einem Tassenkuchen. Ich hatte Besuch von meinem Nachbarn und leider nichts, was ich ihm hätte anbieten können. Ich hatte nur ein bisschen Eis und eine Packung Oreo-Kekse zu Hause. Ich erinnerte mich jedoch an ein TikTok-Rezept für Oreo-Tassenkuchen. Meine Kinder hatten es schon ausprobiert und es hatte ihnen geschmeckt, also habe ich schnell den Tassenkuchen gemacht und eine Kugel Eis darübergegeben. Und was soll ich euch sagen? Mein Nachbar war restlos begeistert! Aus so wenigen Zutaten eine so leckere Sache zu zaubern, hat mich sehr gefreut. Jedes Mal, wenn ich diesen Tassenkuchen mache, denke ich automatisch an meinen lieben Nachbarn. Er war ein großer Fan dieses Desserts und es erinnert mich immer an die schöne Zeit mit ihm.

Mein größter Tipp für dich: Trau dich! Mach etwas Schönes, schalte deine Fantasie ein und brich aus dem Alltag aus. Ja, ich verstehe, dass du vielleicht manchmal wenig Zeit hast und der Alltagsstress es dir auch nicht einfacher macht, aber nimm dir trotzdem diese Zeit, auch für dich selbst. Es macht wirklich Spaß und gibt dir Zeit, dich dabei zu entspannen und mal an nichts anderes zu denken als Kochen und das leckere Ergebnis.

Was für mich immer besonders wichtig ist, sind die Reaktionen meiner Kinder und meines Mannes auf das Essen. Das ist für mich immer die größte Belohnung. Wenn die Kinder sagen: »Mama, das hat so lecker geschmeckt, kannst du das noch mal machen?«, dann ist das für mich das Wichtigste. Es bedeutet mir extrem viel, dass meine Kinder und meine ganze Familie mein Essen mögen. Ich hoffe sehr, dass sie diese Traditionen aus meiner und ihrer Kinderzeit mitnehmen und in ihr eigenes Leben integrieren. So bleiben das Traditionsessen und die Liebe zu leckerem Essen in ihren Herzen und gehen nicht verloren. Es ist so schön, wenn Kinder und Familien zufrieden sind. Ich möchte mich auch noch einmal bei allen bedanken, die mir Rezepte geschickt haben. Eure Reaktionen nach meinem Aufruf waren einfach überwältigend. Ein riesiges Dankeschön, dass ihr eure Lieblingsrezepte mit mir teilt! Das bedeutet mir sehr viel. Eure aktive Teilnahme finde ich extrem wichtig und ich schätze das natürlich sehr.

In der Küche sollte man sich ein bisschen frei fühlen. Wirklich, es ist wie Flügel wachsen lassen. Traut euch, etwas auszuprobieren, auch wenn ihr unsicher seid. Manchmal entdeckt man so die besten Rezepte und lernt dazu. Eure Kreativität und Unterstützung machen das Kochen zu einem noch schöneren Erlebnis.

Eure Karina

HAUPTGERICHTE UND SUPPEN

SESAM CRISPY-CHICKEN

Du brauchst

Für das Hähnchen:
400 g Hähnchenbrustfilet

Für die Hähnchenmarinade:
1 EL Sojasauce
1 EL Sesamöl
1 TL brauner Zucker
½ TL weißer Pfeffer
½ EL Backpulver
1 EL Speisestärke
Öl zum Frittieren

Für die Marinade:
50 ml Sojasauce
50 ml Sesamöl
20 ml Essig
1 EL Zucker
100 ml Ketchup
100 ml Wasser
1 EL Honig
1 Prise Salz
1 Knoblauchzehe (optional)

Zum Anrichten:
30 g Sesam
1 Lauchzwiebel

So geht's

1. Schneide das Hähnchenbrustfilet in große Würfel.
2. Vermische für die Marinade Sojasauce, Sesamöl, braunen Zucker, weißen Pfeffer und das Backpulver und lege die Hähnchenstücke darin ein.
3. Wende die Hähnchenstücke anschließend in der Speisestärke.
4. Frittiere die Hähnchenstücke nun in einem Topf mit reichlich Öl oder in einer Fritteuse. Nimm die frittierten Hähnchenstücke heraus und lege sie erst mal zur Seite.
5. Bereite als Nächstes die Marinade für die Pfanne vor: Mische dafür Sojasauce, Sesamöl, Essig, Zucker, Ketchup, Wasser und Honig. Wer mag, kann auch gerne noch 1 frische Knoblauchzehe ergänzen.
6. Erhitze die Marinade nun kräftig in der Pfanne und wende die zuvor frittierten Hähnchenstücke so lange in der Pfanne, bis die Flüssigkeit aus der Pfanne verkocht ist.
7. Richte die Hähnchenstücke auf einem Teller an und bestreue sie mit Sesam und klein geschnittener Lauchzwiebel.

Du brauchst

300 g Cherrytomaten
100 ml Olivenöl
2 mittelgroße rote Zwiebeln
6 Knoblauchzehen
1 Packung Feta (ca. 200 g)
Tomaten-Mozzarella-Salz
etwas getrocknetes Basilikum
Salz
frisch gemahlener schwarzer Pfeffer
500 g Nudeln

So geht's

1. Heize den Backofen auf 200 °C vor.
2. Lege die Cherrytomaten in eine Auflaufform und gib das Olivenöl hinzu.
3. Hacke die Zwiebeln oder schneide sie in grobe Stücke, gib die Zwiebeln ebenfalls in die Auflaufform.
4. Quetsche den Knoblauch dazu.
5. Lege den Feta in die Mitte und bestreue ihn mit dem Gewürzsalz, Basilikum sowie Salz und Pfeffer.
6. Gib das Ganze jetzt bei 200 °C Grad für 30 Minuten in den Backofen.
7. Nimm die Auflaufform danach aus dem Backofen und verrühre oder püriere den Inhalt.
8. Koche die Nudeln nach Packungsanweisung und gib sie zur Sauce. Vermischen alles gut miteinander und serviere das Gericht, solange es heiß ist.

BACKOFEN-FETA
MIT NUDELN

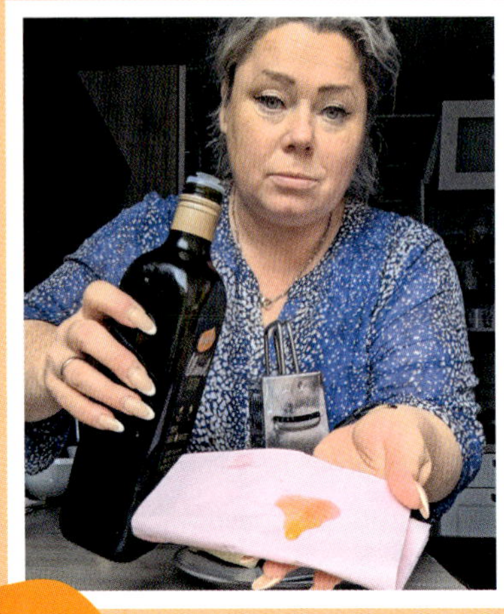

WAS IST UNSER LEBEN OHNE LIFEHACK – DAS IST LETTISCHES SPRICHWORT

»KÄSE-NOBELHOBEL«

Frisch gehobelter oder geriebener Käse ist megalecker, aber frischer Käse klebt leider sehr an der Schneide oder Reibe.

Was tun?

KARINAS LIFEHACK

Schmiere den Käsehobel oder die Käsereibe etwas mit Öl ein und der Käse wird nicht mehr an der Reibe kleben.

Nachricht

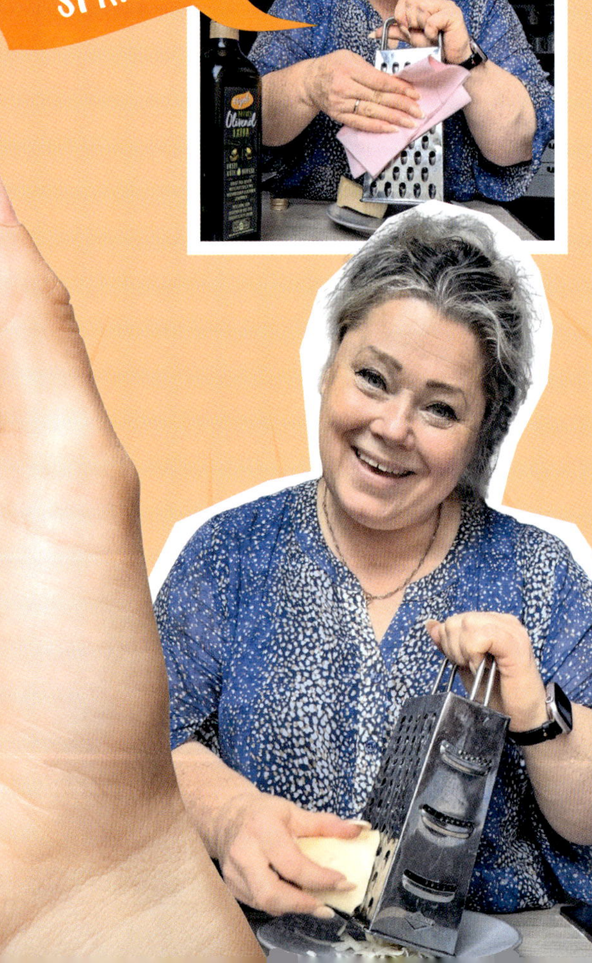

LIFEHACK

»BLEIBENDER EINDRUCK«

Du musst für ein Rezept mehrere Löffel verschiedener Zutaten in Mehl mischen und möchtest nicht ganz viele Löffel dreckig machen? Oder vielleicht sind gerade alle bis auf einen in der Spülmaschine?

KARINAS LIFEHACK

Drücke mit einem Löffel kleine Vertiefungen in das Mehl, dann kannst du die Zutaten in der passenden Menge direkt ins Mehl schütten, ohne den Löffel zu verschmutzen.

TASTY !

HÄHNCHENKEULE
IM PANADENMANTEL

Du brauchst

4 Hähnchenunterschenkel
3 EL Mehl
2 Eier
etwas Paniermehl
reichlich Öl zum Frittieren
etwas Ketchup (optional)

So geht's

1. Ziehe das Fleisch der Hähnchenunterschenkel vom Knochen, sodass es sich jetzt komplett auf der dickeren Seite befindet.
2. Schwenke die Hähnchenschenkel im Mehl.
3. Schlage die Eier auf und verrühre sie kräftig. Wende die Hähnchenschenkel darin.
4. Schwenke die Hähnchenschenkel anschließend noch in Paniermehl.
5. Jetzt geht es daran, die Schenkel zu frittieren. Sofern du keine Fritteuse hast, erhitze reichlich Öl in einem Topf. Die ideale Frittiertemperatur liegt bei etwa 175 °C.
6. Frittiere die panierten Hähnchenkeulen in ca. 8–9 Minuten goldbraun. Die Garzeit hängt dabei von der Dicke der Schenkel ab. Achte in jedem Fall darauf, dass die Hähnchenschenkel gut durchgegart sind.
7. Wenn die Hähnchenschenkel fertig sind, serviere sie mit etwas Ketchup oder genießen sie pur.

AFRIKANISCHES FUFU

MIT HÄHNCHEN

Du brauchst

1 Zwiebel
ca. 5 Hähnchenunterschenkel

Für die Sauce:
1 rote Paprikaschote
1 weiße Paprikaschote
2 Knoblauchzehen
1 rote Zwiebel
1 EL Erdnussbutter
100 ml Wasser
2 EL Tomatenmark
1 TL Knoblauchpulver
1 TL Paprikapulver
1 TL Tomate-Mozzarella-Salz
Salz
frisch gemahlener schwarzer Pfeffer

Für das Fufu:
1 Tüte (160 g) Kartoffelbrei
160 g Kartoffelmehl
2 TL Salz
1–1,2 l Wasser

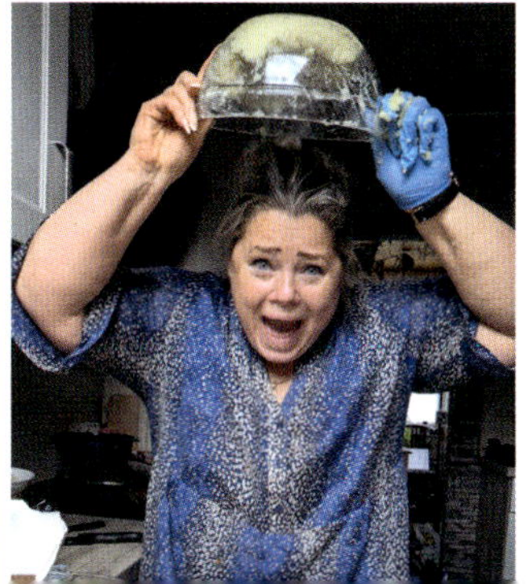

So geht's

1. Schneide die Zwiebel in dünne Scheiben und gib sie in eine erhitzte Pfanne
2. Gib die Hähnchenschenkel dazu.
3. Brate alles gut an.
4. Schneide die Paprika in grobe Stücke.
5. Schneide den Knoblauch und die Zwiebel in grobe Stücke.
6. Gib die Erdnussbutter hinzu. Solltest du oder einer deiner Gäste eine Allergie gegen Erdnüsse haben, kannst du es natürlich weglassen.
7. Gib jetzt noch Wasser, Tomatenmark, Knoblauchpulver, Paprikapulver und Tomaten-Mozzarella-Salz hinzu. Würze das Ganze nach Belieben mit Salz und Pfeffer.
8. Püriere alles gründlich
9. Gib die Sauce nun zu den Hähnchenschenkeln.
10. Lasse alles ca. 25–30 Minuten kochen.
11. Vermische für das Fufu das Pulver für den Kartoffelbrei und das Kartoffelmehl in einer Schale. Füge etwas Salz dazu.
12. Gib das Wasser zu dieser Mischung und rühre sie, bis eine gummiartige Masse entsteht. Achtung, nimm nicht die gesamte Menge des Wassers auf einmal, sondern gib es nach und nach hinzu, damit die Masse nicht zu flüssig wird.
13. Fülle die Masse in einen Topf um und erwärme sie unter ständigem Rühren. Wenn sie schön klebrig und fest ist, ist sie fertig.
14. Serviere das Fufu zusammen mit den Hähnchenschenkeln und der Sauce.

Tipp: Achte darauf, dass dir in der Pfanne nichts anbrät.

BUFFALO-HÄHNCHEN

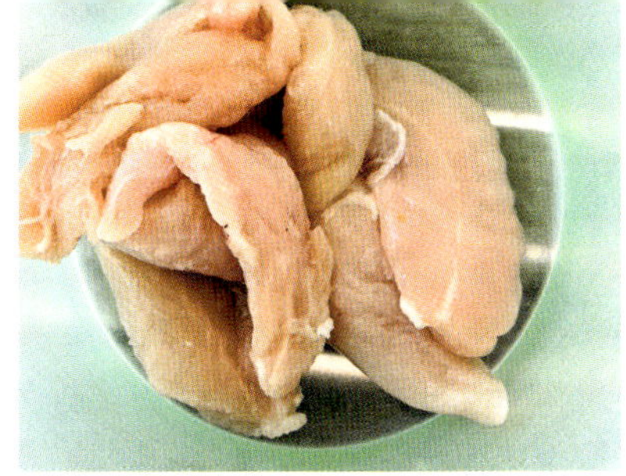

Du brauchst

800 g Hähnchenbrustfilet
500 ml Buttermilch
Mehl
Salz
frisch gemahlener schwarzer Pfeffer
Buffalo-Sauce (Rezept siehe Seite 94f.)
Sesamsaat

So geht's

1. Schneide das Hähnchenbrustfilet in Streifen.
2. Fülle die Buttermilch in eine Schüssel und gib die Hähnchenstücke hinein. Lasse diese mindestens 2 Stunden darin ziehen, am besten sogar über Nacht.
3. Vermische das Mehl mit Salz und Pfeffer in einer flachen Schale und paniere die Hähnchenstücke damit.
4. Brate die Hähnchenstücke anschließend in einer Pfanne, bis sie goldbraun sind.
5. Bereite jetzt die Buffalo-Sauce zu. Das Rezept dafür findest du auf Seite 94f..
6. Brate das Fleisch noch einmal in der Sauce, bis diese gut eingezogen und weitgehend reduziert ist. Immer schön dabei rühren, damit nichts anbrennt.
7. Streue vor dem Servieren noch etwas Sesam darüber.

FLEISCHBÄLLCHEN MIT KÄSEKERN

So geht's

1. Vermische das Hackfleisch zusammen mit dem Ei, dem Parmesan und dem Paniermehl.
2. Hacke den Knoblauch klein und gib diesen dazu.
3. Schmecke die Mischung mit Salz und Pfeffer ab und vermische alles gut miteinander.
4. Entnimm ca. 1 kleine Handvoll der Masse und drücke 1 Mozzarellakugel in das Hackfleisch. Forme das Hackfleisch um den Mozzarella zu einer Kugel. Verfahre mit dem übrigen Mozzarella und Hackfleisch genauso.
5. Jetzt ab damit in eine Pfanne mit etwas Öl geben und anbraten.
6. Gib die Tomatensauce in die Pfanne.
7. Koche währenddessen die Nudeln nach Packungsanweisung al dente und serviere beides zusammen.

Du brauchst

500 g Rinderhackfleisch
1 Ei
½ Tasse geriebener Parmesan
½ Tasse Paniermehl
1 Knoblauchzehe
Salz
frisch gemahlener schwarzer Pfeffer
100 g Mozzarellakugeln
etwas Öl zum Braten
2 kleine Tassen Tomatensauce
200 g Nudeln

HAUST DU MIT GANZ VIEL LIEBE DRAUF!

GNOCCHI
GEHEN AUF DIE REISE

Du brauchst

250 ml Sahne
100 ml Wasser
2 Knoblauchzehen
2 EL Olivenöl
1–2 EL Tomatenmark
Salz
frisch gemahlener schwarzer Pfeffer
250 g Cherrytomaten
1 Packung Mozzarella (ca. 125 g)
400 g Gnocchi
1–2 Packungen geriebener Käse (jeweils 250 g)

So geht's

1. Heize den Backofen auf 200 °C vor.
2. Vermische Sahne, Wasser, Knoblauch, Olivenöl und Tomatenmark in einer Auflaufform.
3. Gib etwas Salz und Pfeffer darüber.
4. Viertele die Cherrytomaten und lege sie in die Form.
5. Würfele den Mozzarella in kleine Stücke und gib die Würfel ebenfalls in die Auflaufform.
6. Zum Schluss kommen noch die Gnocchi hinzu.
7. Stelle die Auflaufform nun bei 200 °C für 15–20 Minuten in den Backofen.
8. Streue den geriebenen Käse auf und lass das Ganze noch mal ein paar Minuten bei 200 °C im Backofen garen, bis der Käse goldbraun wird.

HÄHNCHEN IM KNUSPERMANTEL

CRISPY CRISP

Du brauchst

800 g Hähnchenbrust
3 Eier
Salz
frisch gemahlener schwarzer Pfeffer
½ Packung Cornflakes ohne Zucker oder alternativ 1 Tüte Paprika-Chips
etwas Ketchup zum Servieren

So geht's

1. Heize den Backofen auf 190° C vor.
2. Schneide die Hähnchenbrust in dünne Streifen.
3. Schlage die Eier in eine Schüssel oder einen tiefen Teller und quirle sie kräftig durch. Gib etwas Salz und Pfeffer dazu.
4. Nimm nun die Hähnchenstreifen und wende sie in dem geschlagenen Ei.
5. Gib die Cornflakes oder Chips auf einen Teller und wende die Hähnchenteile darin, bis sie vollständig mit den Cornflakes oder Chips bedeckt sind.
6. Verteile sie auf ein Backblech und schiebe sie für ca. 25–30 Minuten in den Backofen, bis sie goldbraun gebacken sind.
7. Serviere die Hähnchenteile schön warm mit etwas Ketchup.

Du brauchst

250 g Nudeln
Salz
350 g TK-Shrimps oder frische Shrimps
½ TL Paprikapulver
4 EL Olivenöl
1 Zwiebel
2 Knoblauchzehen
15 g Butter
100 g kleine Tomaten
½ Paprikaschote (optional)
1 EL italienische TK-Kräuter
½ Zitrone
50 g geriebener Gouda

So geht's

1. Koche die Nudeln in etwas Salzwasser und lass sie gut abtropfen.
2. Jetzt Shrimps, Paprikapulver, etwas Salz und das Olivenöl in eine Pfanne geben und auf hoher Stufe zum Kochen bringen.
3. Die Zwiebel fein hacken und ebenfalls in die Pfanne geben.
4. Die Knoblauchzehen ausdrücken und hinzugeben. Butter hinzufügen.
5. Halbiere die Tomaten und gib auch diese dazu. Wer möchte, kann noch etwas Paprika klein schneiden und dazugeben.
6. Jetzt die italienischen Kräuter und 1 Schuss Zitronensaft unterrühren.
7. Gib die gekochten Nudeln dazu. Rühre diese gut unter.
8. Streue den Gouda über das Gericht. Das Ganze kochen, bis der Käse gut geschmolzen ist.
9. Nach Geschmack noch mit etwas mehr Salz und Pfeffer abschmecken. Fertig sind die gegrillten Shrimps mit Pasta.

GEGRILLTE SHRIMPS MIT PASTA

»ROLLENDE ZITRONE«

Du brauchst Zitronensaft für eines von Karinas köstlichen Rezepten und möchtest aber keinen Saft in deinen Augen haben?

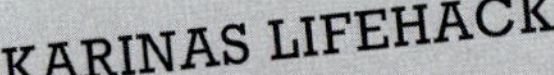

KARINAS LIFEHACK

Nimm die Zitrone und rolle sie mit einem kräftigen Druck auf dem Tisch hin und her. Steche anschließend ein Loch in eine Seite, und der Saft wird einfach so rauslaufen.

Nachricht

LIFEHACK

»SPÜLMASCHINEN-ZITRUS-ZAUBER«

Wenn deine Spülmaschine mal stinkt, dann nutze Karinas Lifehack.

KARINAS LIFEHACK

Eine halbe Zitrone oben mit in die Spülmaschine packen und dann normal den Spülgang laufen lassen. Dann wird die Spülmaschine lecker duften und nebenbei auch noch dein Geschirr glänzen.

HÄHNCHENBRATLINGE AUS DER PFANNE

Tipp: Als Erstes solltest du bei diesem Rezept den Dip vorbereiten, damit du die Bratlinge schön heiß servieren kannst.

Du brauchst

Für den Dip:
3–4 EL Mayonnaise
1 TL Tomatenmark oder Ketchup
½ TL Paprikapulver
Salz (optional)

Für das Hähnchen:
500 g Hähnchenfilet
2 Eier
2 EL Mayonnaise
1 TL süßes Paprikapulver
50–100 g Käse (Mozzarella oder Gouda, gerieben, je nach Geschmack)
1 rote Lauchzwiebel
1 TL Knoblauchpulver
1 Prise Salz
frisch gemahlener schwarzer Pfeffer

So geht's

1. Vermenge Mayonnaise, Tomatenmark oder Ketchup und das Paprikapulver gut miteinander. Nach Geschmack kannst du etwas Salz hinzufügen. Fertig ist der leckere Dip.

2. Schneide als Nächstes das Hähnchenfilet in Würfel.

3. Mische jetzt Eier, Mayonnaise, süßes Paprikapulver, geriebenen Käse, die klein geschnittene Lauchzwiebel und Knoblauchpulver zusammen. Gib die Hähnchenwürfel hinzu.

4. Würze alles nach Geschmack mit Salz und Pfeffer.

5. Entnimm jeweils ca. 1 EL der Mischung und brate die Portion in der Pfanne von beiden Seiten gut durch. Für den großen Hunger kannst du natürlich auch eine Suppenkelle nehmen. Dann werden die Bratlinge etwas größer.

6. Serviere die Bratlinge zusammen mit dem Dip.

BLITZ-LASAGNE

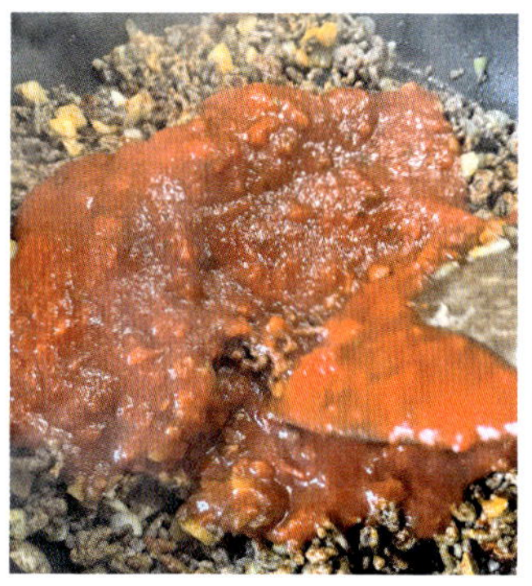

Du brauchst

400 g Rinderhack
1 große Zwiebel
1 Glas (700 g) Bolognese-Sauce (Tomatensauce mit Basilikum)
½ TL Knoblauchpulver
1 TL Paprikapulver
Salz
frisch gemahlener schwarzer Pfeffer
5–6 Lasagne-Teigplatten
200 g geriebener Käse (Mozzarella oder Gouda)

So geht's

1. Brate das Rinderhack in einer Pfanne an.

2. Hacke die Zwiebel fein und gib sie zum Fleisch.

3. Vermische die Tomatensauce, das Knoblauchpulver und das Paprikapulver. Schmecke die gewürzte Sauce mit Salz und Pfeffer ab und gib sie zum Rinderhack. Lasse das Ganze ein paar Minuten kochen.

4. Nimm die Lasagne-Platten und lege sie in der Pfanne auf das Hackfleisch. Achte darauf, dass alles gut bedeckt ist. Breche die Platten gegebenenfalls so zurecht, dass sie gut in die Pfanne passen.

5. Streue dann den geriebenen Käse auf.

6. Lasse das Ganze ca. 40–45 Minuten mit geschlossenem Deckel kochen.

So geht's

1. Heize den Backofen auf 190 °C vor.
2. Schäle die Kartoffeln und viertele sie. Verteile sie dann zusammen mit den geputzten Karotten auf einem Backblech. Das Backblech kannst du nun schon mal in den Backofen auf die untere Schiene schieben.
3. Vermische Honig, Sojasauce, Tomatenmark, Knoblauchpulver, Paprikapulver und Olivenöl. Schmecke die Marinade mit etwas Oregano, Salz und Pfeffer ab.
4. Reibe die Hähnchenkeulen nun mit der Marinade ein.
5. Hänge die marinierten Hähnchenkeulen nun in einen Backofengitterrost. So kannst du locker 3–5 kg Hähnchen auf einmal garen. Schiebe den Gitterrost oben in den Backofen, sodass die Hähnchenkeulen über dem Blech mit den Kartoffeln und Karotten hängen.
6. Lasse beides ca. 45 Minuten bei 190 °C garen.
7. Wenn die Hähnchenkeulen gar sind, drücke sie wieder aus dem Gitterrost (Vorsicht, heiß!) und serviere sie zusammen mit den Kartoffeln und Karotten, die sich nun richtig mit dem Hähnchensaft vollgesogen haben.

HÄHNCHEN HINTER GITTERN

Du brauchst

1 kg Kartoffeln
500 g Karotten
3–5 kg Hähnchenkeulen

Für die Marinade:
1 TL Honig
3 TL Sojasauce
2 EL Tomatenmark
1 TL Knoblauchpulver
1 TL süßes Paprikapulver
150 ml Olivenöl
etwas Oregano
Salz
frisch gemahlener schwarzer Pfeffer

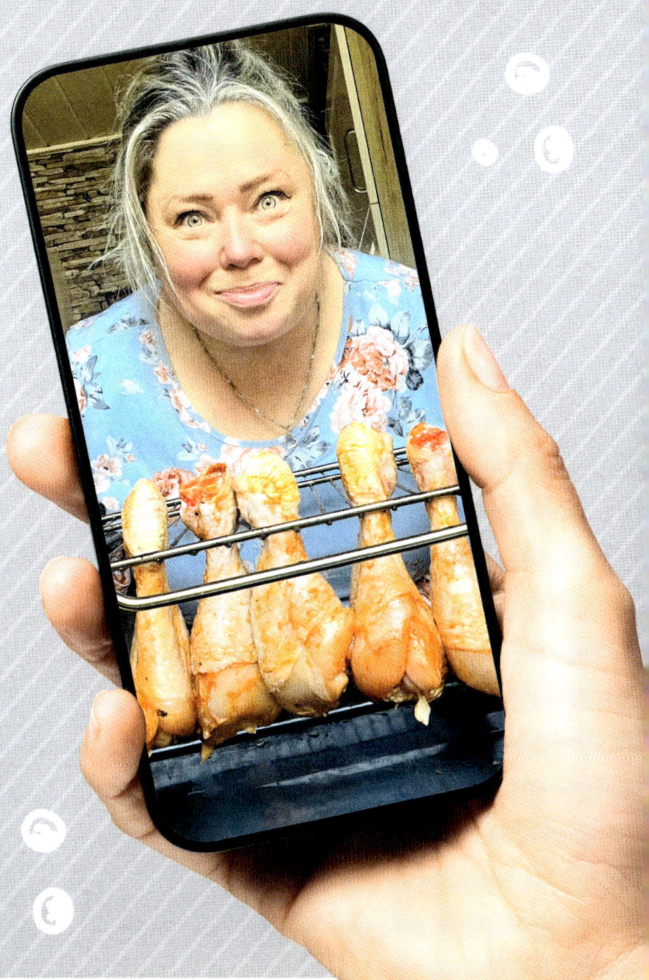

NUDELN IN KÄSESAUCE

Du brauchst

200 g Makkaroni

Für die Sauce:
400 g Sahne
1 EL Butter
100 g geriebener Cheddar
100 g geriebener Mozzarella
1 TL Salz

So geht's

1. Koche die Makkaroni nach Packungsanweisung al dente.
2. Erhitze währenddessen die Sahne und die Butter in einem Topf.
3. Gib den geriebenen Cheddar und Mozzarella sowie etwas Salz dazu. Lass alles bei nicht zu großer Hitze weiterkochen.
4. Vermenge die Sauce und die Makkaroni in einer Pfanne und lass beides so lange köcheln, bis der Käse vollständig geschmolzen ist und Sauce und Nudeln gut miteinander verbunden sind.

EASY-PEASY TRALALA

WRAP

EASY

Du brauchst

2 (Tortilla-)Wraps
1–2 EL Tomatensauce
ca. 100 g Käse
(Cheddar, Scheiben,
oder Mozzarella, gerieben)
1–2 Tomaten

So geht's

1. Lege einen der beiden Wraps in eine erhitze Pfanne, sodass dieser gut hineinpasst.

2. Bestreiche nun den Wrap mit der Tomatensauce und streue anschließend den Käse darüber. Wenn du lieber Scheibenkäse magst, kannst du nun die Scheiben auf den Wrap legen.

3. Die Tomaten in Scheiben schneiden und auf dem Käse verteilen.

4. Den zweiten Wrap nunmehr über das Ganze legen und etwas warten.

5. Jetzt den Wrap wenden. Am besten nimmst du dafür einen Teller, sodass der Wrap nicht auseinanderfällt.

6. Auch die zweite Seite ein paar Minuten bei mittlerer Hitze schön anbräunen.

7. Jetzt kannst du den Wrap herausnehmen und lecker warm servieren.

Du brauchst

Für die weiße Sauce:
150 ml Sahne
1 EL Butter
2 EL geriebener Parmesan
70 g geriebener Mozzarella
1 TL Salz
1 TL frisch gemahlener schwarzer Pfeffer
400 g Rinderhack
1 TL Öl
1 Zwiebel
500 g Spätzle

So geht's

1. Verrühre Sahne, Butter, Parmesan und Mozzarella in einer Schüssel.
2. Schmecke die Sauce mit Salz und Pfeffer ganz nach deinem Geschmack ab.
3. Brate dann das Rinderhack in etwas Öl an.
4. Hacke die Zwiebeln und füge sie zum Fleisch. Brate es weiter, bis das Rinderhack gut durchgebraten ist.
5. Koche die Spätzle nach Packungsanweisung.
6. Gib die weiße Sauce zum Hackfleisch und lasse alles noch mal ca. 5–7 Minuten kochen.
7. Serviere die Spätzle zusammen mit der weißen Bolognese.

WEISSE BOLOGNESE MIT SPÄTZLE

Tipps: Verfeinere die weiße Sauce mit etwas frischem Knoblauch.

Wenn du keine Spätzle magst, kannst du natürlich auch andere Nudeln nehmen.

KALTE LETTISCHE SUPPE

Jetzt zeige ich dir ein ganz leckeres Rezept aus meiner lettischen Heimat, das an warmen Sommertagen eine herrliche Erfrischung bringt und prima schmeckt.

Du brauchst

½ Ring Fleischwurst
1 Schlangengurke
3 mittelgroße Tomaten
1 Bund Radieschen
5 Eier
½ Bund Lauchzwiebeln
1 l Kefir
360 g Rote Bete (Abtropfgewicht aus dem Glas, mariniert)
400 ml Wasser
Salz
frisch gemahlener schwarzer Pfeffer

Zum Servieren:
Brot nach Geschmack

So geht's

1. Schneide die Fleischwurst, die Gurke, die Tomaten und die Radieschen in kleine Würfel. Ab damit in einen Topf.
2. Koche die Eier hart und lasse sie abkühlen. Schneide auch sie danach in kleine Würfel und gib sie ebenfalls in den Topf.
3. Schneide die Lauchzwiebeln in schmale Stücke und gib sie ebenfalls in den Topf.
4. Mische den Kefir und die Rote Bete in einer Schüssel und fülle das Ganze anschließend ebenfalls in den Topf. Gib auch den Saft der Roten Bete dazu.
5. Fülle den Topf mit Wasser auf und schmecke das Ganze mit etwas Salz und Pfeffer ab.
6. Vermische alles gut miteinander und stelle die Suppe anschließend ein paar Stunden in den Kühlschrank.
7. Serviere die erfrischende kalte Sommersuppe mit Brot deiner Wahl.

LETTISCHE SAUERAMPFER-SUPPE

Du brauchst

600 g Rindfleisch (alternativ Hühnerfleisch oder für eine vegetarische Variante ohne Fleisch)
1 Zwiebel
2,5 l Wasser
3 mittelgroße Kartoffeln
1 Karotte
150 g frischer Sauerampfer (oder 350 ml Sauerampfer im Glas)
Salz

So geht's

1. Tupfe das Rindfleisch etwas ab und lege es anschließend zusammen mit der ganzen geschälten Zwiebel in einen Topf.

2. Gieße das Wasser hinzu. Koche das Wasser auf und lasse es so lange kochen, bis das Fleisch gut durchgegart ist. Je nach Größe des Fleischstücks dauert das ca. 90–120 Minuten.

3. Schneide die Kartoffeln und die Karotte in der Zwischenzeit in Würfel.

4. Wenn das Fleisch schön weich ist, nimm es zusammen mit der Zwiebel aus der Brühe heraus. Entsorge die Zwiebel, sie wird nicht mehr benötigt.

5. Schneide das Fleisch nun in kleine Stücke und gib es zusammen mit den Kartoffeln und Karotten wieder in die Brühe. Koche das Ganze so lange, bis die Kartoffeln schön weich sind.

6. Gib den Sauerampfer hinzu und koche alles noch mal kurz auf – wenn du frischen Sauerampfer verwendest, lasse es ca. 5 Minuten kochen, bei Sauerampfer aus dem Glas sollten 2 Minuten ausreichen.

BEILAGEN UND SALATE

BLUMENKOHLSTEAK

Du brauchst

1 Blumenkohl
1 Prise Salz
frisch gemahlener schwarzer Pfeffer
100 g Mehl
1 Ei
100 g Paniermehl
2–3 EL Bratöl
1 Zitrone (optional)

So geht's

1. Koche den Blumenkohl zunächst komplett etwa 5 Minuten in etwas Salzwasser. Nimm ihn dann raus und schneide ihn in ca. 4 cm dicke Scheiben. Koche die Scheiben in dem Wasser noch etwas weiter und nimm sie heraus, wenn die Blumenkohlscheiben noch etwas bissfest sind.
2. Tupfe die Blumenkohlscheiben etwas ab und bestreue sie mit Salz und Pfeffer, ganz nach Geschmack.
3. Fülle nun das Mehl in eine flache Schale und schwenke den Blumenkohl darin.
4. Verrühre das Ei ebenfalls in einer flachen Schale und lege die Blumenkohlscheiben hinein, bis sie von beiden Seiten gut benetzt sind.
5. Zum Schluss noch das Paniermehl auf einen Teller geben und die Blumenkohlscheiben darin wenden.
6. Brate den panierten Blumenkohl nun in etwas Öl, bis dieser goldbraun ist. Jetzt kannst du ihn servieren.

LIFEHACK

»KOCHENDER DOPPELDECKER«

Du musst Kartoffeln und Blumenkohl kochen und hast nur einen Topf?

KARINAS LIFEHACK

Lege zunächst die Kartoffeln in den Topf. Lege jetzt ein Metallsieb darüber. Jetzt kannst du den Blumenkohl da hineinlegen und beides zusammen, aber trotzdem getrennt, kochen. Nutze wegen der Hitze auf jeden Fall ein Metallsieb!

Nachricht

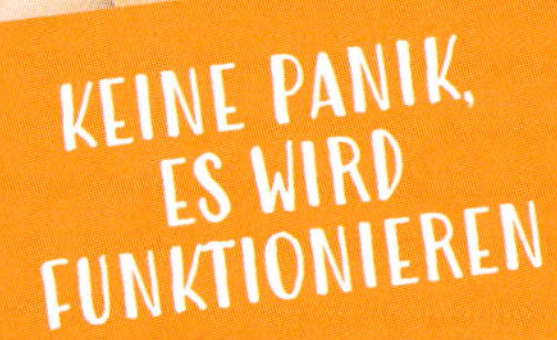

MAGIC!

»BLUBBER-BREMSE MIT STIEL«

Wenn du verhindern willst, dass dein Wasser im Topf überkocht, mach's wie Karina.

KARINAS LIFEHACK

Lege einen Holzlöffel beim Wasserkochen auf den Topf, und nichts wird überkochen.

Nachricht

So geht's

1. Schäle die Kartoffeln und koche sie in Salzwasser.

2. Wenn die Kartoffeln gar sind, kannst du sie in einen kleinen Topf geben und gut zerstampfen.

3. Gib jetzt die Speisestärke dazu. Wichtig ist, dass die Masse nicht mehr klebt, sondern formbar ist.

4. Forme die Kartoffelmasse nun auf einem Brett zu einer Rolle.

5. Schneide ca. 2 cm große Stücke von der Rolle ab.

6. Drücke die Stücke mit einer Gabel platt. Wenn die Masse kleben sollte, gib einfach etwas Öl an die Gabel.

7. Erhitze das Öl in einem Topf und frittiere die Kartoffelstücke darin, bis sie goldbraun sind. Solltest du eine Fritteuse haben, kannst du die Kartoffelstücke auch darin frittieren. Statt der Kartoffelkissen kannst du auch Sticks formen, dann sehen die Kartoffelkissen wie kleine Churros aus.

Du brauchst

5 mittelgroße Kartoffeln
Salz
50 g Speisestärke
ca. 500 ml Sonnenblumenöl (je nach Menge und Größe des Topfes)

KARTOFFELKISSEN ODER KARTOFFELSTICKS

Tipps: Serviere die Kartoffelkissen mit einer selbst gemachten Kartoffelcreme. Das Rezept findest du auf Seite 102.

Nimm eine Schöpfkelle aus Metall, um die Kartoffelkissen aus dem Fett zu holen. Kunststoff könnte im heißen Fett schmelzen.

KNUSPERKARTOFFEL-QUETSCH

AUS DEM BACKOFEN

Du brauchst

Kartoffeln (Menge wie benötigt)

Für die Marinade:
100 ml Olivenöl
½ TL rotes Paprikapulver
1 TL Knoblauchpulver
1 Prise Salz
100 g geriebener Käse, am besten Gouda oder Emmentaler (optional)

Für das Dressing:
300 g griechischer Joghurt
2 Tütchen getrocknete Küchenkräuter
100 g Schmand oder saure Sahne

So geht's

1. Koche die ungeschälten Kartoffeln in einem Topf voll Wasser, bis sie gar sind.
2. Bereite jetzt die Marinade vor. Mixe Olivenöl, rotes Paprikapulver, Knoblauchpulver und 1 Prise Salz in einer Schüssel zusammen.
3. Heize den Backofen auf 190 °C vor.
4. Gieße die Kartoffeln ab. Lege sie auf ein Backblech und quetsche sie mit einem stabilen Glas platt.
5. Pinsle jetzt die Kartoffeln mit der Marinade gut ein.
6. Backe die Kartoffeln ca. 80 Minuten bei 190 °C im Backofen schön goldbraun.
7. Bereite währenddessen das Dressing zu. Rühre den griechischen Joghurt, die Küchenkräuter und den Schmand oder die saure Sahne kräftig zusammen.
8. Stelle das Dressing in den Kühlschrank, bis die Kartoffeln fertig gebacken sind. Serviere beides zusammen und überstreue die Kartoffeln noch mit etwas geriebenem Käse.

RATATOUILLE KARTOFFELN

Du brauchst

3 EL Olivenöl + etwas mehr zum Bestreichen
Salz
frisch gemahlener schwarzer Pfeffer
1 TL italienische Kräuter (nach Geschmack)
1 große Kartoffel pro Portion
1 Tomate pro Portion
1 rote Zwiebel pro Portion
frisches Basilikum

So geht's

1. Mische das Olivenöl mit Salz, Pfeffer und den italienischen Kräutern.
2. Schneide die Kartoffeln mit engen Schnitten ein. Lege dafür vielleicht Essstäbchen von beiden Seiten neben die Kartoffel, sodass du sie nicht versehentlich durchschneidest.
3. Schneide auch die Tomaten und Zwiebeln in schmale Scheiben.
4. Schiebe vorsichtig die Tomaten, Zwiebeln und Basilikumblätter in die geschnittenen Lücken der Kartoffel.
5. Bestreiche die Kartoffeln mit dem Öl.
6. Lege die Kartoffeln auf ein Backblech und schiebe es für 40–50 Minuten in den auf 190 °C vorgeheizten Backofen, bis die Kartoffeln lecker goldbraun gebacken sind.

Du brauchst

1 Schlangengurke

Für die Marinade:
100 ml Olivenöl
2 EL Sojasauce
1 Prise Knoblauchpulver
½ TL Paprikapulver
1 TL Honig
1 Spritzer Zitronensaft

Außerdem:
1 Einmachglas (ca. 200 ml)

So geht's

1. Schneide die Schlangengurke in Würfel oder in lange Spiralen. Gib diese in ein Einmachglas.
2. Gib Olivenöl, Sojasauce, Knoblauchpulver, Paprikapulver, Honig und Zitronensaft hinzu.
3. Lass die Gurke darin ca. 20 Minuten marinieren – fertig ist dein köstlicher Sommergurkensalat.

SOMMERLICHER GURKENSALAT

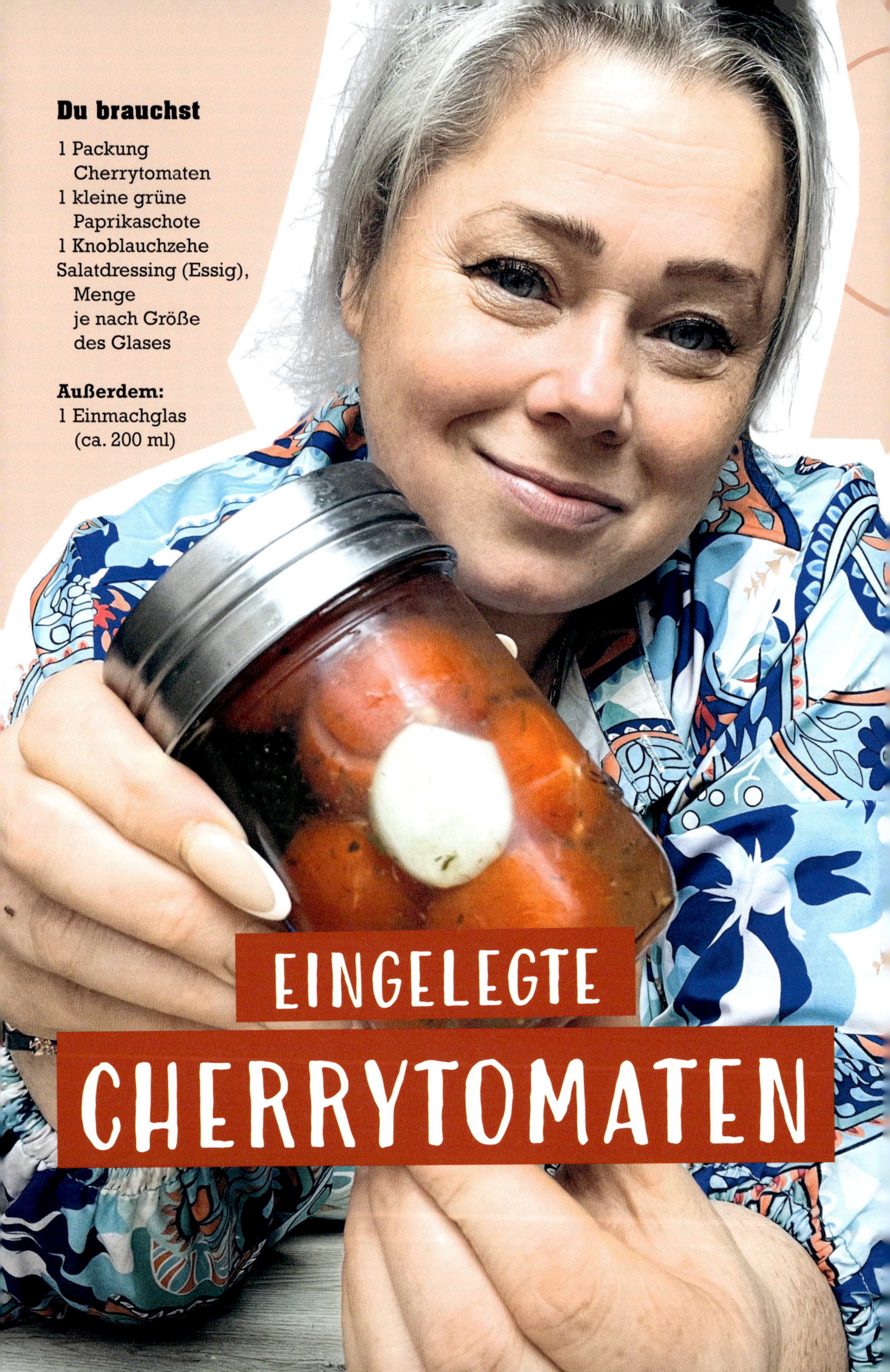

EINGELEGTE CHERRYTOMATEN

Du brauchst

1 Packung Cherrytomaten
1 kleine grüne Paprikaschote
1 Knoblauchzehe
Salatdressing (Essig), Menge je nach Größe des Glases

Außerdem:
1 Einmachglas (ca. 200 ml)

So geht's

1. Wasche die Cherrytomaten gründlich ab und schneide sie kreuzweise ein.

2. Schneide auch die Paprika in kleine Stücke.

3. Lege die Tomaten, die Paprikastücke und die Knoblauchzehe in ein Einmachglas.

4. Gieße das Wrap-Dressing bis zum Rand des Einmachglases und drehe den Deckel fest darauf. Lass die Tomaten ca. 20–30 Minuten ziehen. Danach kannst du sie servieren.

LIFEHACK

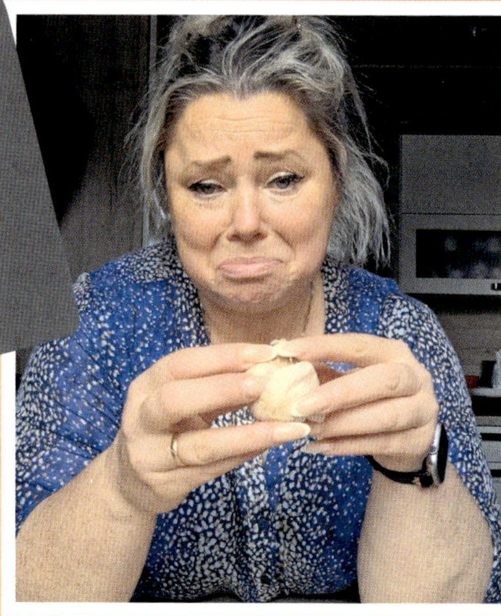

»KNOBLAUCH-PIKSER«

Ich liebe Knoblauch im Essen und in vielen meiner Rezepte wirst du Knoblauch finden. Aber wie bekommt man am leichtesten die Zehen ausgelöst, und das, ohne dass hinterher die Finger arg nach Knobi riechen?

KARINAS LIFEHACK

Pikse mit einer Gabel in die Knoblauchknolle, und du wirst die Zehen einfach auslösen können.

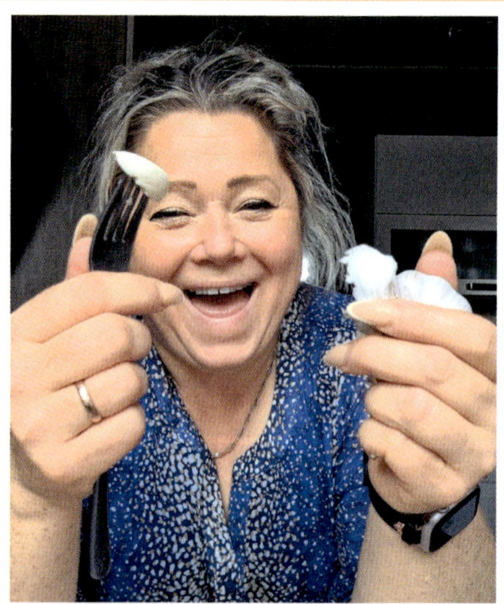

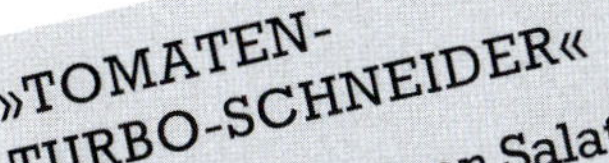

»TOMATEN-TURBO-SCHNEIDER«

Du musst für einen Salat oder ein Kochrezept eine ganze Schale Cherrytomaten halbieren? Du kannst natürlich jede Tomate einzeln halbieren – oder du nutzt Karinas Lifehack.

KARINAS LIFEHACK

Lege die Tomaten auf ein großes Schneidebrett oder einen Teller. Lege jetzt einen Teller oben auf die Tomaten. Jetzt kannst du sie alle auf einmal mit einem langen Messer in der Mitte teilen.

Du brauchst

1 kg festkochende Kartoffeln
Salz
1 Bund Lauchzwiebeln

Für die Marinade:
100 ml Wasser
1–2 TL Rinderbrühe
1 EL Altmeister-Essig
Salz
frisch gemahlener schwarzer Pfeffer

So geht's

1. Koche die Kartoffeln in Salzwasser gar und schäle sie, solange sie noch warm sind.
2. Schneide die Kartoffeln anschließend in kleine Würfel.
3. Schneide die Lauchzwiebeln klein und gib sie zu den Kartoffeln.
4. Verrühre für die Marinade Wasser, Rinderbrühe und Essig miteinander und schmecke sie mit Salz und Pfeffer ab.
5. Mische die Marinade unter die Kartoffeln.

WARMER KARTOFFELSALAT

Tipp: Wenn dir der Salat etwas zu sauer ist, dann lasse den Essig einfach weg.

COUSCOUS AVOCADO-SALAT

Du brauchst

200 g Couscous
1 Dose Kichererbsen
1 Avocado
½ Gurke
2 Tomaten
1 Handvoll Petersilie
1 Handvoll Oliven
½ Zitrone
Salz
frisch gemahlener schwarzer Pfeffer

So geht's

1. Koche den Couscous nach Packungsanleitung und lasse ihn abkühlen.

2. Lasse die Kichererbsen abtropfen, halbiere die Avodado, entferne den Kern und würfele das Fruchtfleisch und die Gurke. Viertele die Tomaten.

3. Hacke die Petersilie fein.

4. Vermische nun Couscous, Kichererbsen, Avocado, Tomaten, Gurke, Petersilie und Oliven in einer großen Salatschüssel.

5. Presse den Saft der Zitrone aus und gib ihn über den Salat.

6. Jetzt nur noch mit Salz und Pfeffer abschmecken, und fertig ist dein frischer Couscous-Avocado-Salat.

Du brauchst

1 kleiner Blumenkohl
1 kleiner Brokkoli
1 Traube Weinbeeren (ca. 150–200 g)
1 Handvoll Sonnenblumenkerne
2 EL Öl zum Rösten
Salz
frisch gemahlener schwarzer Pfeffer
2 EL Mayonnaise
50 g Sahne
½ TL Zucker
½ Zitrone

So geht's

1. Wasche den Blumenkohl und den Brokkoli gut ab und schneide beide in kleine Stücke. Beides wird roh weiterverwendet.
2. Viertele die Weintrauben und gib diese zu den beiden Kohlsorten.
3. Röste die Sonnenblumenkerne in etwas Öl und gib sie zu der Gemüse-Trauben-Mischung, schmecke alles mit Salz und Pfeffer ab.
4. Gib die Mayonnaise, die Sahne und den Zucker dazu.
5. Quetsche die Zitronenhälfte aus und gib den Saft dazu.
6. Vermische alles gut miteinander und serviere den Salat kühl.

BROKKOLI-BLUMENKOHL-SALAT

PROBIERSEN

LIFEHACK

»BROKKOLI-DUSCHE«

Hast du auch schon mal versucht, Wasser über Brokkoli laufen zu lassen, um ihn so zu waschen? Ja, das ist schwierig oder sogar unmöglich, da das Wasser sofort abperlt.

KARINAS LIFEHACK

Drehe den Brokkoli einfach um und lasse das Wasser von innen durch den Brokkoli laufen. Dann perlt nichts ab und du kannst ihn sofort verarbeiten.

Nachricht

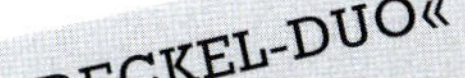

»DECKEL-DUO«

Du möchtest den nassen Topfdeckel beim Kochen nicht einfach irgendwo hinlegen?

KARINAS LIFEHACK

Klemme den Deckel einfach mit dem Rand zwischen Topfrand und Griff, und schon hält er sicher und tropft nicht.

DINGST DU DAHIN!

GRÜNER WIRD'S NICHT

Du brauchst

1 kleiner Spitzkohl
1 Stange Lauch
½ Schlangengurke
2 Knoblauchzehen
ein paar Stängel frischer Dill
½ Zitrone
1 Beutel (100 g) frischer Blattspinat
1–2 Lauchzwiebeln
ca. 30 g Cashewkerne
20 g TK-Schnittlauch
1 Avocado
50 ml Olivenöl
Salz
frisch gemahlener schwarzer Pfeffer

So geht's

1. Schneide den Spitzkohl in kleine Stücke, hacke den Lauch und schneide die Schlangengurke in kleine Würfel. Vermische alles gut miteinander.

2. Bereite jetzt das Dressing vor. Mische dafür zunächst Knoblauch und Dill miteinander.

3. Presse die Zitrone aus und gib den Saft dazu.

4. Gib auch den Spinat dazu.

5. Schneide die Lauchzwiebeln und hacke die Cashewkerne in feine Stücke und gib diese dazu.

6. Füge den Schnittlauch dazu.

7. Jetzt noch Avocado und Olivenöl hinzufügen. Schmecke den Salat mit Salz und Pfeffer ab.

RUCOLA MIT GRANATAPFEL UND BURRATA ODER FETA

Tipp: Wer keinen Burrata mag, kann auch gerne Fetakäse verwenden.

Du brauchst

1 Bund Rucola
1 Granatapfel

Für das Dressing:
100 ml Olivenöl
1 EL Balsamicocreme
ein paar Tropfen Zitronensaft
Salz
frisch gemahlener schwarzer Pfeffer
Burrata (alternativ: Feta)
Himbeeren
Balsamicoessig

So geht's

1. Wasche den Rucola gründlich, lasse ihn abtropfen und gib ihn in eine Schüssel.
2. Jetzt wird's fummelig. Drücke die Granatapfelkerne aus der Frucht und streue sie über den Rucola.
3. Vermische für das Dressing Olivenöl, Balsamicocreme und Zitronensaft und schmecke die Mischung mit Salz und Pfeffer ab.
4. Vermische den Rucola und die Granatapfelkerne mit dem Dressing.
5. Platziere den Burrata mittig und dekoriere den Salat mit Himbeeren.
6. Beträufle den Salat mit etwas Balsamico.

LIFEHACK

»MÜLLBEUTEL-TRICK«

Du verzweifelst daran, den Müllbeutel ohne großes Gefummel in die Mülltonne zu bekommen?

KARINAS LIFEHACK

Ziehe den Müllbeutel durch eine geballte Faust, sodass er ganz flach zusammenhält. Jetzt kannst du ihn ganz leicht in die Mülltonne packen.

Nachricht

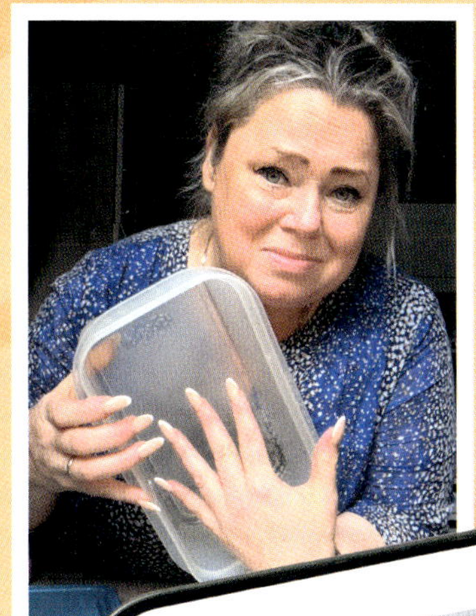

»DIE GELB-WEG-FORMEL«

Vergilbte oder sonst wie von Lebensmitteln eingefärbte Aufbewahrungsdosen sehen nicht wirklich schön aus. Wie bekommt man die wieder sauber?

KARINAS LIFEHACK

Nimm ein bisschen Toilettenpapier und Wasser und lege bzw. schütte diese in die Aufbewahrungsdose. Jetzt Deckel drauf und ein paar Minuten kräftig schütteln. Jetzt sollte die Box wieder schön aussehen.

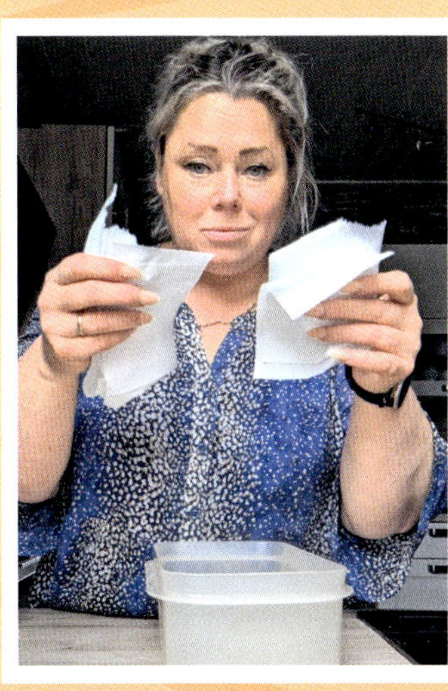

SAUCEN

BUFFALO SAUCE

Du brauchst

150 g Butter
150 ml Chilisauce
2–3 EL Zucker
3 EL Essig
3 EL Worcestersauce
2 EL Knoblauchpulver
1 EL Cayennepfeffer

So geht's

1. Gib zunächst die Butter in eine Pfanne und lasse sie schmelzen.

2. Chilisauce, Zucker, Essig, Worcestersauce, Knoblauchpulver und Cayennepfeffer dazugeben und alles kurz aufkochen lassen – fertig ist die leckere Buffalo-Sauce.

Du brauchst

3 EL Mayonnaise
2 EL Ketchup
1 TL Senf
ein paar Tropfen Sojasauce
1 kleine Zwiebel
1 kleine Gewürzgurke
Salz

So geht's

1. Vermische Mayonnaise, Ketchup, Senf und Sojasauce gut miteinander.
2. Schneide die Zwiebel und die Gewürzgurke in feine Stücke.
3. Rühre alles zusammen und schmecke die Sauce mit etwas Salz ab. Fertig ist die Burgersauce.

BURGERSAUCE

So geht's

1. Vermenge Joghurt, Tomatenmark, Salatkräuter, ein paar Tropfen Zitronensaft, Salz und Pfeffer gut miteinander.
2. Rühre die Balsamicocreme unter, und fertig ist dein leckeres Wrap-Dressing.

WRAP DRESSING

Du brauchst

200 g Joghurt
1 EL Tomatenmark
1 Tüte Salatkräutermix
1 Zitrone
1 Prise Salz
frisch gemahlener schwarzer Pfeffer
1 EL Balsamicocreme

MANDARINEN-DIP MIT KNOBLAUCH

Du brauchst

Karinas selbst gemachte Mayonnaise (Zutaten und Rezept siehe Seite 104)
1 ½ Mandarinen ohne Kerne
Saft von ½ Zitrone
2 Knoblauchzehen
1 EL Öl
1 TL Honig
Salz
frisch gemahlener schwarzer Pfeffer

So geht's

1. Bereite die Mayonnaise nach dem Grundrezept auf Seite 104 zu.

2. Füge dann Mandarinenschnitze, Zitronensaft, Knoblauch, Öl, Honig und etwas Salz und Pfeffer hinzu.

3. Mixe das Ganze mit einem Rührstab gut durch, und schon hast du meinen megaleckeren Mandarinen-Dip mit Knoblauch.

KARTOFFEL-CREME

Du brauchst

200 g griechischer Joghurt
2 Tüten Salatmixgewürze
100 g Schmand
etwas Zitronensaft

So geht's

1. Vermische den Joghurt, die Salatgewürze und den Schmand gründlich miteinander.

2. Füge jetzt noch ein paar Tropfen Zitronensaft hinzu, und fertig ist die leckere Kartoffelcreme.

Du brauchst

250 ml Pflanzenöl
1 Ei
½ TL Senf
1 Zitrone
Salz

So geht's

1. Gib das Pflanzenöl, Ei, Senf, ein paar Tropfen Zitronensaft und 1 Prise Salz zusammen in eine Schüssel.
2. Mixe alles gut mit einem Rührstab – fertig ist die schmackhafte selbst gemachte Mayonnaise.

KARINAS SELBST GEMACHTE MAYONNAISE

DESSERTS

KALTE ERDBEERTALER IM SCHOKOMANTEL

So geht's

1. Wasche die Erdbeeren gründlich ab und viertele sie dann.
2. Füge den Joghurt und den Honig hinzu und mische alles vorsichtig. Schmecke ab, ob es für dich süß genug ist. Ansonsten füge einfach noch etwas mehr Honig dazu.
3. Entnimm jetzt jeweils ca. 1 EL und forme auf einem Teller kleine Häufchen, sodass sie wie kleine Erdbeertaler aussehen.
4. Stelle den Teller am besten über Nacht ins Eisfach und lass die Erdbeertaler gut durchfrieren.
5. Schmelze am nächsten Tag die Schokoladenglasur über einem Wasserbad.
6. Überziehe die gefrorenen Erdbeertaler mit der Schokolade. Lege sie entweder noch mal zurück ins Eisfach oder serviere sie gleich. Durch den kalten Erdbeerkern kühlt die Schokolade schnell ab und die Erdbeertaler können vernascht werden.

Du brauchst

150 g Erdbeeren
2 EL Joghurt
1–2 TL Honig
Schokoladenglasur

LIFEHACK

»ERDBEEREN-BLITZBLANK«

Du möchtest Erdbeeren möglichst frei von Chemikalien und Pestiziden vernaschen?

KARINAS LIFEHACK

Wasche Erdbeeren und anderes Obst einfach ca. 15 Minuten in Natron, und schon werden unliebsame Schadstoffe im Nu abgewaschen.

Nachricht

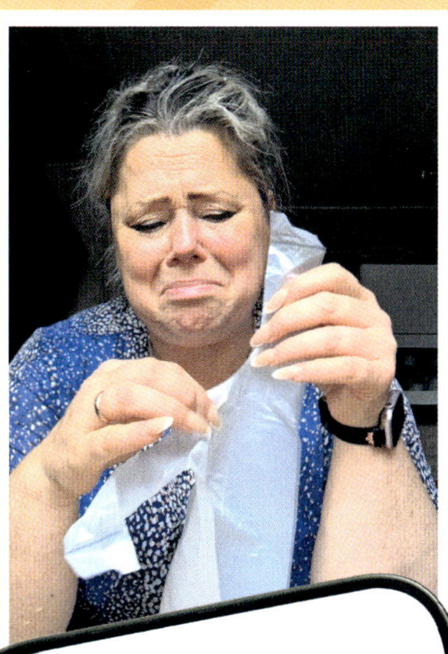

ICH HABE EXPERIMENT GEMACHT!

»BEUTEL-FUMMELEI«

Wer kennt es nicht? Im Supermarkt den Beutel für unverpacktes Obst öffnen oder den Müllbeutel öffnen. Wie bekommt man den Beutel auf, der fest zusammenzukleben scheint?

KARINAS LIFEHACK

Ziehe den Beutel an einer Griffseite auseinander, sodass die Kunststofffolie etwas zu stark gedehnt wird. Dann wirst du den Beutel leicht öffnen können.

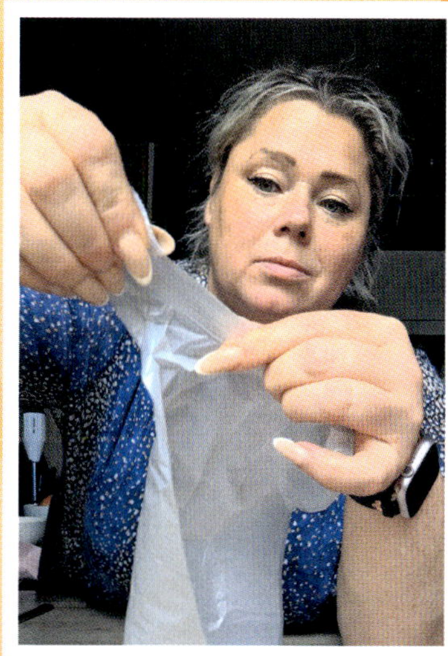

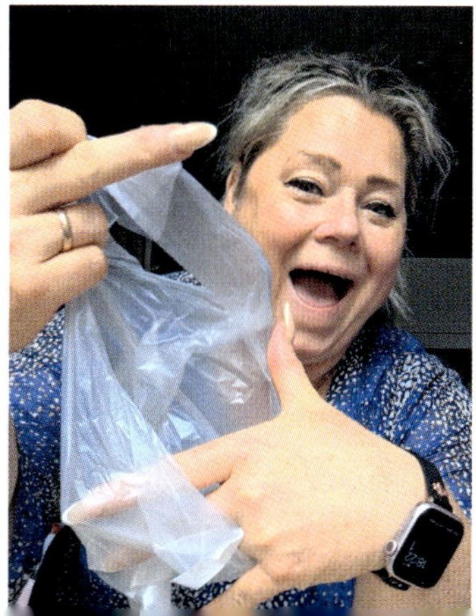

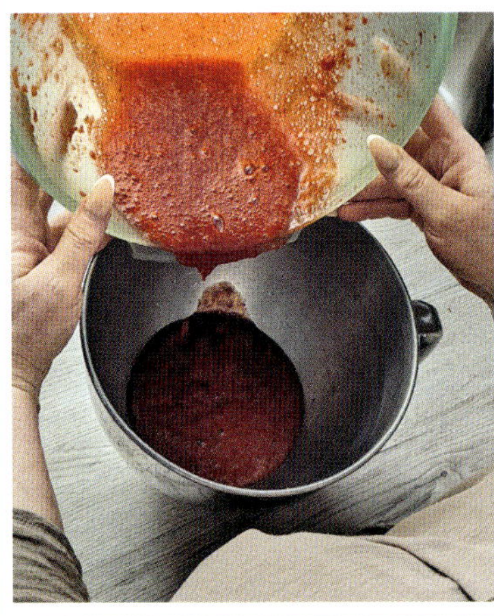

So geht's

1. Wasche die Erdbeeren gründlich ab (siehe dazu auch meinen Lifehack zum Waschen von Erdbeeren auf Seite 110). Viertele danach die Erdbeeren und gib sie in eine Schüssel.

2. Füge dann den Zucker und das Eiweiß hinzu.

3. Püriere alles kräftig, bis die Masse steif ist.

4. Fülle nun die Erdbeermasse in ein Glas – bis zur Mitte – und fülle es mit Milch auf.

ERDBEERWOLKE

Du brauchst

400 g Erdbeeren
75 g Zucker
2 Eiweiß von frischen Eiern
100 ml Milch

So geht's

1. Schneide oben an der Melone eine Art Deckel ab.
2. Jetzt kannst du die Melone komplett aushöhlen. Ich nehme dafür immer einen Esslöffel oder einen Eiskratzer.
3. Wasche die anderen Früchte gut ab.
4. Lege die Früchte in wilder Reihenfolge in die Melone. Das schönste Ergebnis bekommst du, wenn du die Melone bis ganz oben und wild gemixt füllst.
5. Weiche die Gelatine in ausreichend Wasser ein und fülle die Mischung bis zum oberen Rand in die Melone. Am besten wackelst du die Melone zwischendurch hin und her, sodass eventuelle Luftblasen entweichen können.
6. Jetzt über Nacht ab damit in den Kühlschrank.
7. Schneide die Melone am nächsten Tag in Streifen und serviere sie.

FRUCHTIGE MELONE

WAAAAAHN-SINN!

Du brauchst

1 Melone
1 Schale Erdbeeren
1 Schale Blaubeeren
je 1 Traube rote und grüne Weinbeeren
1 Schale Himbeeren
sonstige Früchte nach Wahl
Gelatine
Wasser

DALGONA COFFEE

Du brauchst

2 EL Instant-Kaffeepulver
2 EL Zucker
2 EL warmes Wasser
Crushed Ice
ca. 50 ml kalte Milch

So geht's

1. Gib das Kaffeepulver, den Zucker und das Wasser in eine Tasse.
2. Vermische alles gut, bis die Masse hellbraun wird. Das kann eine Weile dauern, also immer schön rühren.
3. Fülle die Masse, erst wenn sie hellbraun ist, in ein Glas mit Crushed Ice.
4. Fülle das Glas mit Milch auf und serviere den eiskalten Dalgona Coffee mit einem Strohhalm.

Tipp: Der Zucker muss unbedingt dazu, ohne ihn schäumt es nicht.

Du brauchst

300 ml Vanilleeis oder Milcheis bzw. Sahneeis
1 l Pflaumen-, Trauben- oder Apfelsaft

So geht's

1. Portioniere zunächst das Vanilleeis in eine Schüssel oder in einen Messbecher.
2. Mische nun das Vanilleeis mit dem Saft und mixe das Ganze mit einem Pürierstab gut durch.
3. Serviere den Milchshake in einem schönen Glas.

LETTISCHER MILCHSHAKE

SHAKE IT!

Tipp: Probiere aus, welcher Saft dir dazu am besten schmeckt.

Du brauchst

200 g Butterkekse
30 g Butter
1 Schuss Milch
6 EL Kakaopulver
ca. 50 g Schokoflakes
ca. 20 g Puderzucker (optional)

Optional:
Zucker oder anderes Süßungsmittel
Rum-Aroma

So geht's

1. Gib als Erstes die Butterkekse in eine Schale und zerstampfe sie, bis nur noch Krümel übrig sind.
2. Füge dann Butter, Milch und Kakaopulver dazu.
3. Jetzt alles kräftig miteinander vermischen.
4. Forme die Masse mit der Hand zu einem Zapfen.
5. Jetzt kommt die Fleißarbeit. Stecke die Schokoflakes so in den Zapfen, dass er aussieht wie ein Tannenzapfen.
6. Zum Schluss kannst du den Zapfen noch leicht mit etwas Puderzucker dekorieren.

ESSBARE TANNENZAPFEN

Tipp: Am besten servierst du die Zapfen bei Zimmertemperatur, sodass sich ihr Aroma voll entfalten kann.

Wenn du es gerne etwas süßer magst, kannst du ergänzend noch etwas Zucker oder alternative Süßungsmittel nach Geschmack ergänzen. Du kannst dich da auch etwas rantasten und zunächst mit weniger beginnen.
Wenn du gerne Rumkugeln isst, gib zusätzlich etwas Rum-Aroma zu der Masse, damit erhältst du eine »Tannenzapfen-Rumkugel«.

HEISSE ÄPFEL
IM BLÄTTERTEIGBETT

Du brauchst

2 Äpfel
1 TL Zimt
1 TL Zucker
1 Packung TK-Blätterteig
10 EL Aprikosenmarmelade
½ Zitrone
1 Ei
20 g Puderzucker

Vanilleeis (optional)

So geht's

1. Schneide die Äpfel in dünne Scheiben. Du musst sie nicht extra schälen, aber je nach Geschmack kannst du das natürlich gerne tun.

2. Streue Zimt und Zucker über die Apfelscheiben.

3. Lege ein Backblech mit Backpapier aus und rolle den Blätterteig darauf aus.

4. Schneide den Blätterteig in kleine Rechtecke.

5. Bestreiche die Blätterteigstücke in der Mitte mit Aprikosenmarmelade und drücke die Apfelscheiben sanft in die Marmelade.

6. Verteile noch ein paar Spritzer Zitronensaft auf den Äpfeln.

7. Verrühre das Ei und pinsele den Blätterteig damit an den Rändern ein.

8. Schiebe das Backblech bei 220 °C für ca. 15 Minuten in den Backofen.

9. Bestäube die Apfel-Teig-Teilchen zum Servieren mit etwas Puderzucker.

Tipp: Schmeckt auch mit Vanilleeis super!

FRÜCHTE IM ZUCKERMANTEL

So geht's

1. Suche dir zunächst die Früchte aus, die du gerne mit einem Zuckermantel versehen möchtest, darunter gern Erdbeeren und Weintrauben. Wasche diese gut ab und lege sie bereit.

2. Stecke nun die Früchte in beliebiger Reihenfolge oder in einem schönen Muster auf einen Holzspieß.

3. Erhitze jetzt das Wasser in einer Pfanne und gib ordentlich Zucker hinzu. Das Ganze zum Kochen bringen.

4. Wende die Fruchtspieße in dem heißen Zuckerwasser. Du kannst die Früchte auch zusätzlich mit einem Löffel oder Pfannenwender mit dem Zuckerwasser übergießen.

5. Kühle den Spieß danach sofort in Eiswasser ab.

6. Ist dir die Zuckerschicht noch zu dünn? Kein Problem, wiederhole den Vorgang einfach so lange, bis eine ausreichend dicke Schicht entstanden ist.

Du brauchst

Früchte nach Belieben
1 Schale Erdbeeren
1 Traube mit zahlreichen Weinbeeren
150 ml Wasser
300 g Zucker

Außerdem:
Holzspieße

Du brauchst

3 EL Kakaopulver
50 g geschmolzene Butter
220 g Puderzucker
6 EL Milch
1 Flasche Cremefine
1 Packung Vanillepudding
1 l Milch
1 Packung Butterkekse

Zum Servieren (optional):
frische Früchte
Schlagsahne

So geht's

1. Mische Kakaopulver, Butter, Puderzucker und Milch miteinander. Das wird die selbst gemachte Schokomasse für die oberste Schicht.

2. Danach folgt die Cremefine, die du ebenfalls zur Schokomasse hinzufügst.

3. Bereite den Pudding nach Packungsanleitung mit der Milch zu.

4. Gieße ca. ¼ der Puddingmasse in eine Auflaufform und verteile diese gleichmäßig auf dem Boden.

5. Jetzt kommt die erste Schicht Butterkekse auf den Pudding.

6. Trage danach erneut eine Schicht Puddingmasse auf. Wiederhole dies so lange, bis die Puddingmasse verbraucht ist.

7. Gieße zum Schluss die Schokomasse auf die letzte Schicht Pudding und verteile sie gleichmäßig.

8. Stelle die Auflaufform für ca. 2 Stunden in den Kühlschrank.

9. Wenn du magst, kannst du einige Früchte oder etwas Sahne dazu servieren.

PLÄTZCHEN MAG PUDDING

TASSENKUCHEN

Du brauchst

8 Oreo-Kekse (Black & White Cookies)
ca. 5 EL Milch
2 EL Puderzucker

Optional:
Vanilleeis
Himbeeren
Johannisbeeren

So geht's

1. Zerstampfe 7 Cookies in einer großen Tasse, bis nur noch Krümel übrig sind. Lasse 1 Cookie ganz.

2. Gib nun die Milch hinzu und verrühre alles kräftig. Die Kekskrümel müssen durch die Milch gut durchweicht sein, damit ein Teig entsteht. Gib lieber etwas mehr Milch hinzu, wenn der Teig noch zu krümelig sein sollte.

3. Lege einen Cookie obendrauf und gib das Ganze für ca. 1–2 Minuten in die Mikrowelle. Stelle die Zeit lieber etwas zu kurz ein und wiederhole den Vorgang bei Bedarf noch mal, damit dein Tassenkuchen nicht anbrennt.

4. Den fertigen Tassenkuchen kannst du nun auf einen Teller stürzen. Der aufgelegte Cookie sollte oben zu sehen sein.

5. Wenn du möchtest, kannst du deinen Tassenkuchen jetzt noch mit etwas Puderzucker dekorieren.

Tipp: Super schmecken eine Kugel Vanilleeis und einige Früchte, beispielsweise Beeren, dazu.

Hinweis: Dieses Rezept eignet sich super fürs Kochen mit Kindern!

Du brauchst

3 Eiweiß
2 EL Zucker
1 EL Speisestärke
Lebensmittelfarbe (optional)

WOW!

Tipp: Wenn du es gerne bunt magst, kannst du zusätzlich etwas Lebensmittelfarbe in den Teig geben, der Teig färbt sich dann in deiner Lieblingsfarbe.

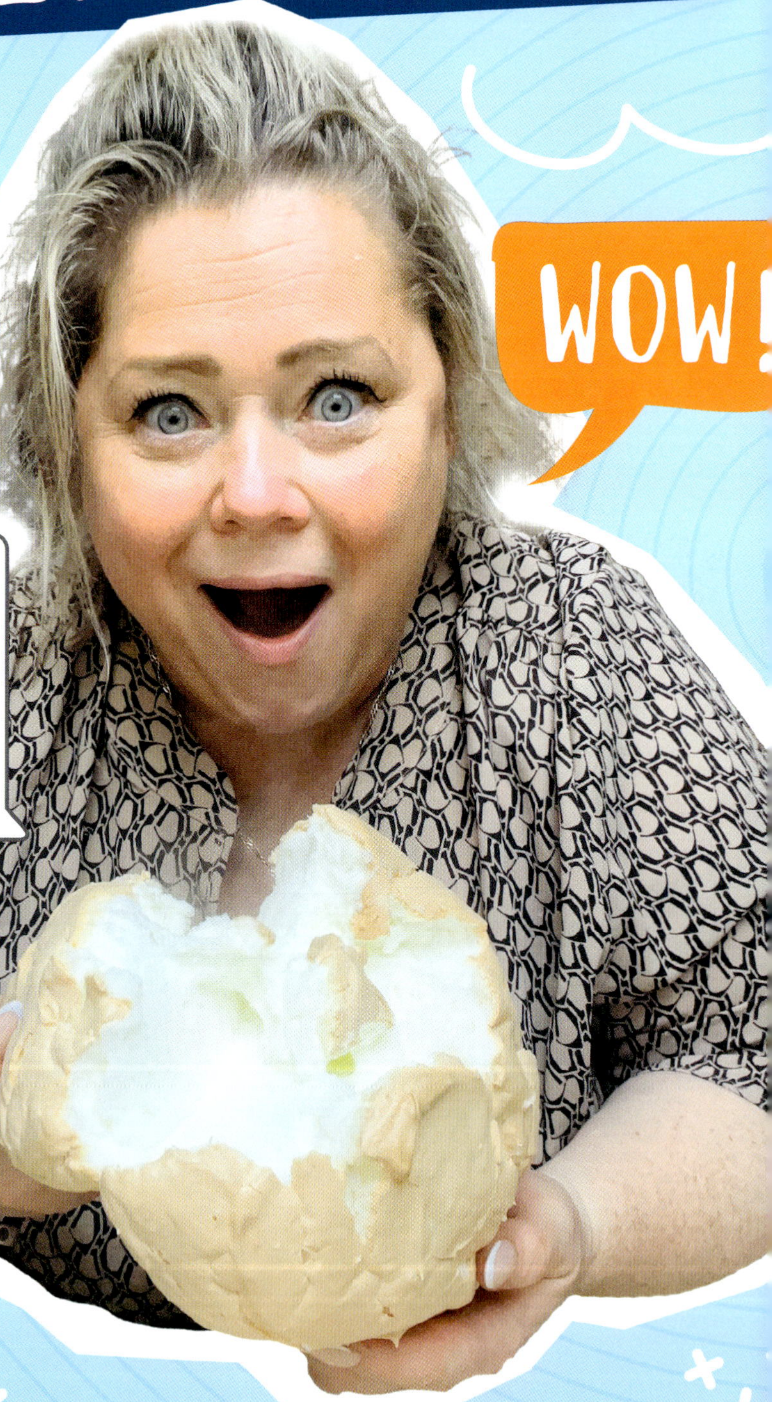

So geht's

1. Den Backofen auf 160 °C vorheizen.
2. Gib zunächst Eiweiß, Zucker und Speisestärke in eine Schüssel und schlage alles kräftig mit einem Rührmixer steif.
3. Lege danach einen Streifen Backpapier auf ein Backblech und forme die steife Masse kugelförmig auf das Backblech.
4. Das Ganze für ca. 20 Minuten in den Backofen geben, bis es schön goldbraun gebacken ist.

LIFEHACK

ICH MUSS DAS MAL KONTROLLIEREN!

»WELLENBRECHER«

Welliges Backpapier, wer kennt das nicht? Gerade wenn man das Ende der Rolle erreicht. Aber wie lässt sich das verhindern?

KARINAS LIFEHACK

Zerknülle zunächst den Backpapierbogen und halte ihn dann unter Wasser, bis er richtig durchnässt ist. Jetzt kannst du ihn auf das Backblech legen und er wird ganz flach aufliegen.

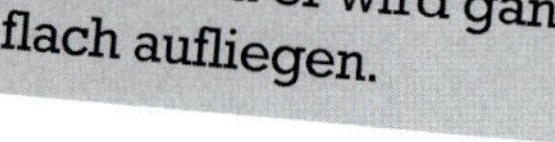

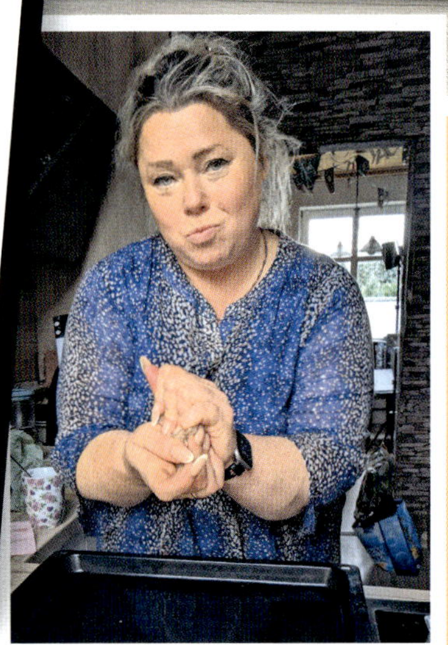

»SILBERMANTEL«

Ich liebe es, Kuchen zu backen, aber nicht, die Backform sauber zu machen. Ich lege daher meine Backform immer mit Alufolie aus. Aber wenn du versuchst, die Alufolie innen auszulegen, kann sie leicht reißen oder sich zerknüllen. Und jetzt?

KARINAS LIFEHACK

Lege die Alufolie von außen um die Backform und forme damit die Backform nach. Lege dann die nun perfekt geformte Alufolie in die Backform hinein.

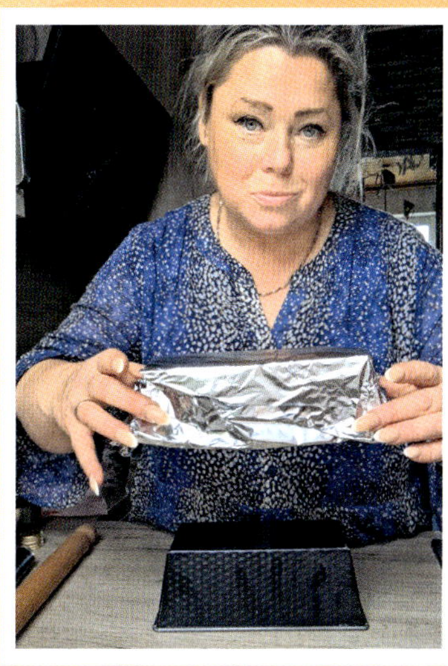

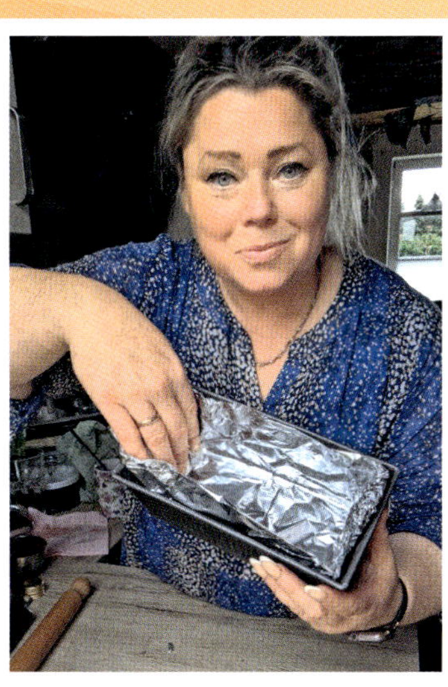

SNACKS

Du brauchst

10 g Butter
2 mittelgroße Eier
½ Mozzarella
2 EL Milch
Salz
frisch gemahlener schwarzer Pfeffer
ein paar Scheiben Ciabatta

So geht's

1. Nimm dir als Erstes eine Tasse und reibe sie innen gründlich mit Butter ein.
2. Schlage als Nächstes die beiden Eier in die Tasse.
3. Teile nun den Mozzarella. Eine Hälfte in kleine Würfel schneiden und in die Tasse zu den Eiern geben. Die Milch dazugießen.
4. Salzen kannst du das Ganze je nach Geschmack. Wenn du es möchtest, kannst du gerne auch noch etwas Pfeffer darübergeben.
5. Koche jetzt ca. 1 Liter Wasser auf und gieße das kochende Wasser (Vorsicht, heiß!) in eine kleine Auflaufform. Stelle die Tasse bis zum Rand hinein und lasse sie dort ca. 15 Minuten stehen. Damit es schön heiß bleibt, kannst du noch eine Untertasse auf die Tasse legen.
6. Röste das Ciabatta-Brot im Toaster oder in der Pfanne schön goldbraun.
7. Nach ca. 15 Minuten ist dein käsiges Ei in der Tasse fertig. Zusammen mit dem Ciabatta-Brot serviert, ist das megalecker.

KÄSIGES EI

AUS DER TASSE

Tipp: Dieses Rezept eignet sich auch wunderbar als Snack für zwischendurch!

EIERTRAUM

Du brauchst

2 Scheiben Toastbrot
2 Eier
Salz
frisch gemahlener schwarzer Pfeffer
½ Avocado

Optional:
1 Handvoll Cherrytomaten
ein paar Gewürzgurken

Tipp: Wer keine Avocado mag, kann auch kleine Cherrytomaten oder Gewürzgurken dazu servieren.

So geht's

1. Drücke mit einem Löffel kleine Vertiefungen in die Toastscheiben.
2. Lege die Toastscheiben danach in eine Pfanne.
3. Platziere jeweils 1 Ei in die Vertiefungen. Würze die Eier nach Geschmack mit Salz und Pfeffer.
4. Lege den Deckel auf die Pfanne und gare die Eier so weit durch, bis das Eiweiß fest und das Eigelb je nach Wunsch fest oder noch etwas weich ist
5. Schneide die Avocado in Scheiben und serviere sie zusammen mit dem Eier-Toast.

TOAST ROLLS

Du brauchst

1 Scheibe Toastbrot
1 Scheibe Käse (Gouda)
1 Ei
50 ml Milch
50 g Paniermehl
1 Hotdog-Würstchen
Bratöl
Senf
Ketchup

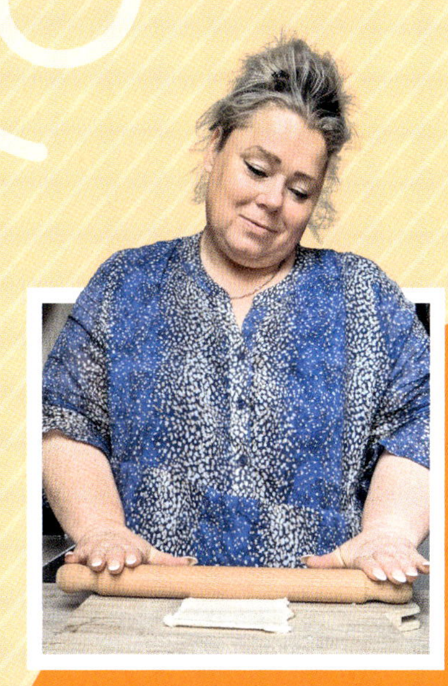

So geht's

1. Schneide den Rand der Toastscheibe ab.
2. Rolle die Toastscheibe mit einem Nudelholz so platt wie möglich.
3. Lege 1 Käsescheibe darauf.
4. Mixe das Ei und die Milch in einer mittelgroßen Schale. Stelle auch schon eine Schale mit Paniermehl bereit.
5. Lege nun das Würstchen am Rand auf die Toastscheibe und rolle die Toastscheibe mit dem Würstchen zusammen, bis eine kleine Rolle entstanden ist.
6. Wende die Rolle jetzt in der Schale mit dem Ei.
7. Wende die Rolle anschließend im Paniermehl.
8. Brate die Rolle in ausreichend Öl in der Pfanne goldbraun.

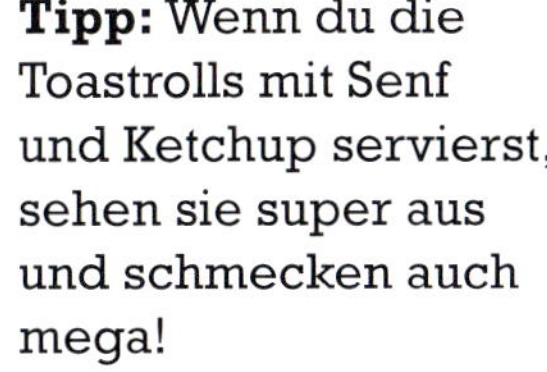

Tipp: Wenn du die Toastrolls mit Senf und Ketchup servierst, sehen sie super aus und schmecken auch mega!

LIFEHACK

»BROT-SAFE«

Vertrocknetes Toastbrot schmeckt nicht. Und irgendwie kommt immer Luft in die Verpackung. Mit diesem Lifehack muss man kein trockenes Brot mehr wegwerfen.

KARINAS LIFEHACK

Greife die Packung an der Öffnung und drehe das Brot mehrfach um die eigene Achse. Stülpe jetzt den leeren oberen Teil des Kunststoffbeutels über das Brot und alles bleibt frisch und ist leicht wieder zu öffnen.

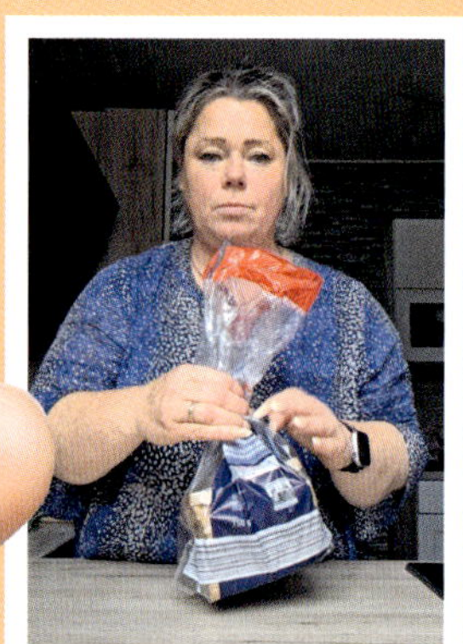

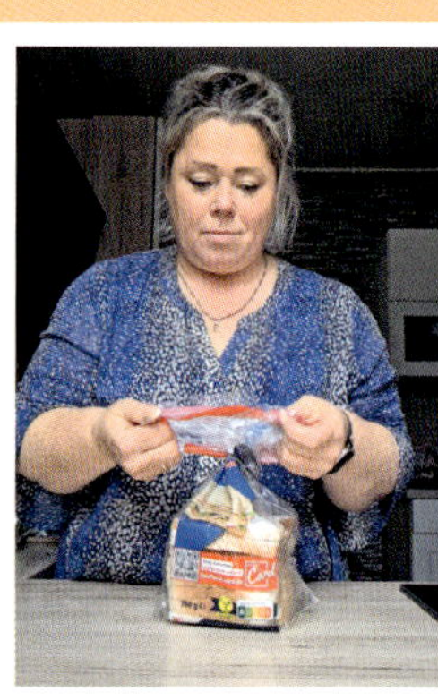

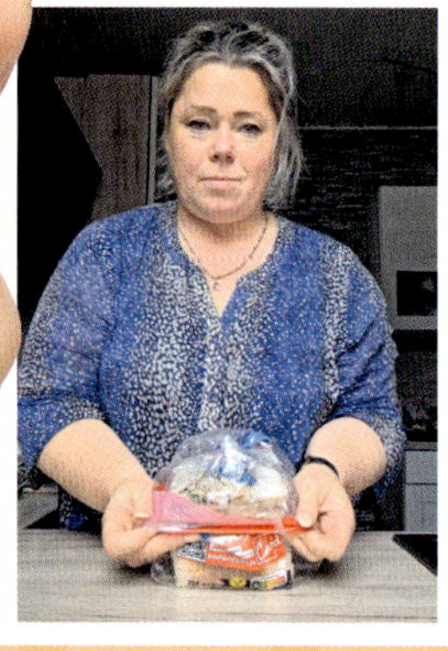

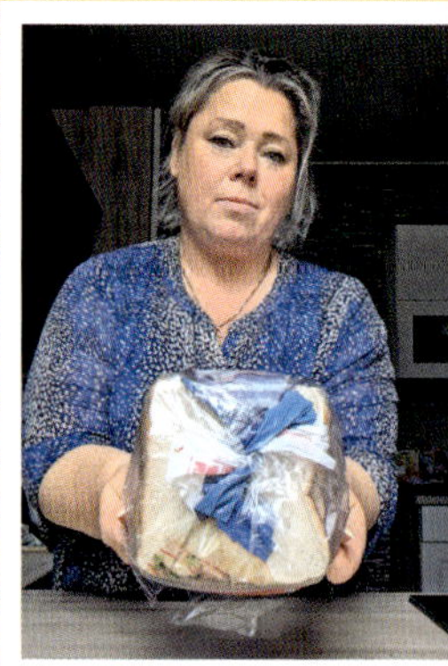

NACHHER

VORHER

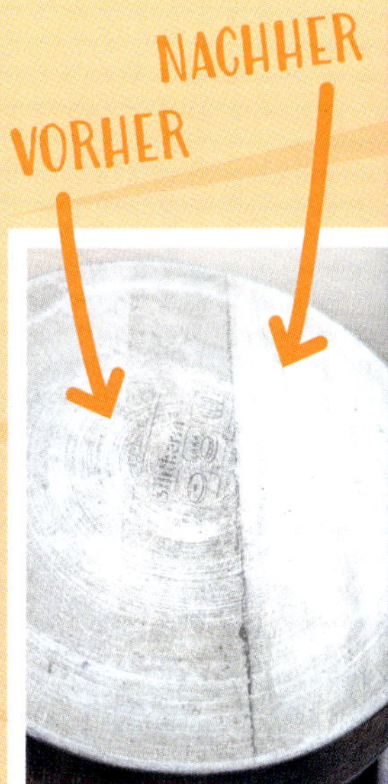

»BLITZENDE TÖPFE«

Wer kennt es nicht? Irgendwann gibt es an Töpfen kleine Rostflecken. Und wie bekommt man die weg?

KARINAS LIFEHACK

Nimm einfach etwas Zahncreme und einen Schwamm. Damit werden deine Töpfe ruckizucki wieder glänzen.

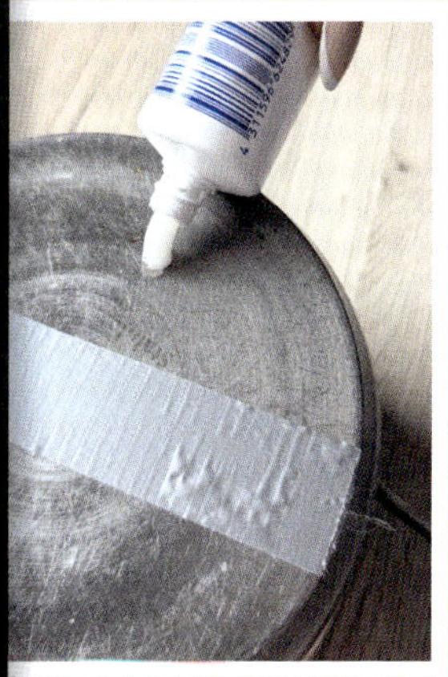

Nachricht

REPARIERSEN

AVOCADO SANDWICH

Du brauchst

1 Avocado
1 kleine rote Zwiebel
1 kleine Tomate
1 Schuss Zitronensaft
2 gekochte Eier
1 Knoblauchzehe (optional)
Salz
frisch gemahlener
schwarzer Pfeffer
1 Steinofen-Baguette

So geht's

1. Halbiere die Avocado, entferne den Kern und hebe das Fruchtfleisch aus den Schalen. Würfele das Avocadofruchtfleisch, die Zwiebel und die Tomate und vermische alles gut miteinander.
2. Gib 1 Schuss Zitronensaft hinzu.
3. Jetzt die Eier kochen, abkühlen lassen und ebenfalls zerkleinern.
4. Wenn du gerne Knoblauch magst, quetsche die Knoblauchzehe dazu.
5. Schmecke das Ganze mit etwas Salz und Pfeffer ab.
6. Vermenge alles gut miteinander.
7. Röste das Baguette in einer Pfanne oder in einem Toaster an und verteile die köstliche Mischung darauf.

Du brauchst

8 Scheiben Ciabatta
5 kleine Tomaten
½ Spitzpaprika
5 EL Olivenöl
½ TL Balsamicoessig
1 EL italienische TK-Kräuter
etwas Basilikum
½ Packung rote und weiße TK-Zwiebeln
1 Knoblauchzehe

So geht's

1. Bräune zunächst die Ciabatta-Brotscheiben in einer Pfanne an.
2. Schneide die Tomaten und die Paprika in kleine Würfel.
3. Vermische Tomaten, Paprika, Olivenöl, Balsamicoessig, die italienischen Kräuter, Basilikum und Zwiebeln.
4. Quetsche noch die Knoblauchzehe dazu und mische alles noch mal gut durch.
5. Verteile die Mischung großzügig auf den Ciabatta-Scheiben.

BRUSCHETTA MIT TOMATE

So geht's

1. Heize den Backofen auf 200 °C vor.
2. Nimm die ganze Knoblauchknolle und schneide den Strunk dicht über den Zehen ab.
3. Lege die Knoblauchknolle in eine Auflaufform und übergieße sie mit Olivenöl.
4. Wickle nun die Knoblauchknolle in Alufolie ein.
5. Ab damit für 30–40 Minuten bei 200 °C in den Backofen.
6. Jetzt sind die einzelnen Knoblauchzehen ganz weich geworden, quetsche sie bequem mit der Hand aus den Schalen.
7. Vermische den Knoblauch mit Butter, Schnittlauch, Salz, Pfeffer und dem Chilipulver.
8. Verteile die gewürzten Knoblauchzehen auf dem Baguette.
9. Gib das großzügig bestrichene Baguette noch mal für ca. 15–20 Minuten bei 180 °C in den Backofen, bis es goldbraun gebacken ist.

KNOBLAUCH-KNUSPERBROT AUS DEM BACKOFEN

Du brauchst

1 frische Knoblauchknolle
ca. 50 ml Olivenöl
125 g Butter
etwas frischer Schnittlauch
1 Prise Salz
frisch gemahlener schwarzer Pfeffer
½ TL Chilipulver
1 Baguette

Außerdem:
Alufolie

Du brauchst für 2 Wraps

1 Hähnchenfilet
1 Römersalat
5 kleine Tomaten
1 Eisbergsalat
30 g geriebener Mozzarella
2 EL Parmesan
1 EL Croûtons

Für das Dressing:
2 EL Naturjoghurt
1 EL Mayonnaise
1 EL Olivenöl
1 Knoblauchzehe
ein paar Tropfen Zitronensaft
1 EL Worcestersauce
1 TL Senf
Salz
frisch gemahlener schwarzer Pfeffer

So geht's

1. Schneide das Hähnchenfilet in kleine Stücke oder Streifen und brate dieses in einer Pfanne an.

2. Löse 2 große Römersalatblätter aus dem Salatkopf und lege diese bereit.

3. Verrühre den Naturjoghurt, die Mayonnaise und das Öl miteinander.

4. Presse die Knoblauchzehe in die Joghurtmischung. Füge ein paar Tropfen Zitronensaft, die Worcestersauce und den Senf hinzu und schmecke das Dressing mit Salz und Pfeffer ab.

5. Schneide die Tomaten und den Eisbergsalat in kleine Stücke.

6. Fülle die Römerblätter mit den gebratenen Hähnchenstücken, den Tomatenstücken, Eisbergsalat, Parmesan, Croûtons und dem Dressing und wickle es zu einem Wrap zusammen.

CAESAR-SALAT

IM WRAP

LIFEHACK

»BACKPAPIER MEETS ZITRONENSCHALE«

Ein bisschen frische Zitronenschale zum Verfeinern des Essens ist äußerst lecker, aber die Reibe hinterher zu putzen, kann sehr mühsam sein. Was tun?

KARINAS LIFEHACK

Wickle die Reibe einfach mit einem Blatt Backpapier ein. Die Reibe wird noch immer funktionieren, aber die Zitronenschale setzt sich nicht fest und alles bleibt schön sauber.

»NUR NICHT AUFREIBEN LASSEN«

Okay, du hast nicht an meinen Lifehack gedacht und deine Reibe nicht mit einem Stück Backpapier eingewickelt. Jetzt ist die Reibe völlig verdreckt. Du versuchst, sie mit einem Schwamm zu reinigen, und der Schwamm löst sich schnell auf?

KARINAS LIFEHACK

Reinige die Reibe von innen und außen mit einer Zahnbürste. Im Handumdrehen ist alles wieder schön sauber.

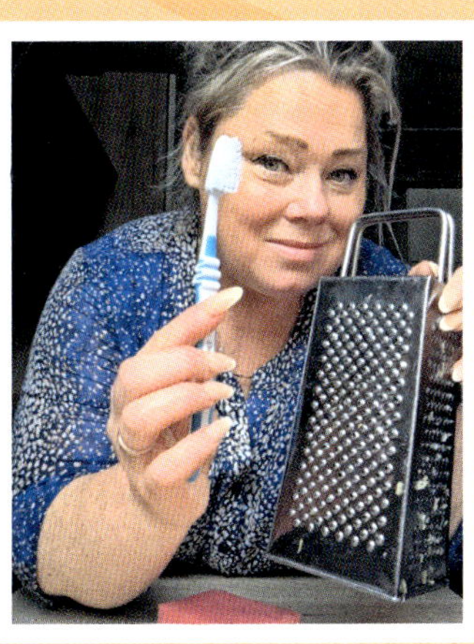

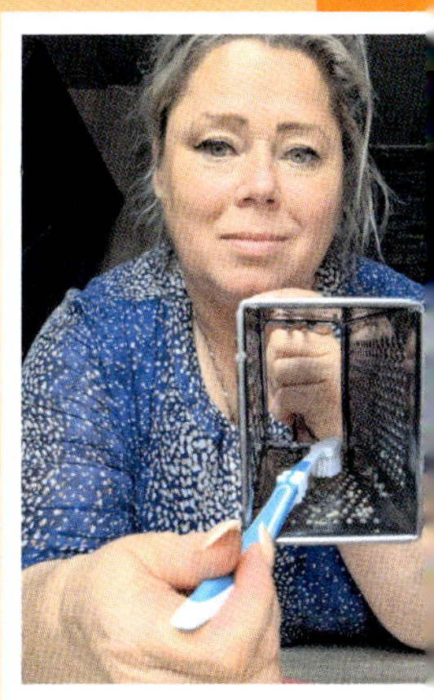

QUESADILLA

Du brauchst

1 Taco
ca. 100 g geriebener Käse (Sorte nach Belieben)
ca. 5 Scheiben Salami
30 g Tomatensauce

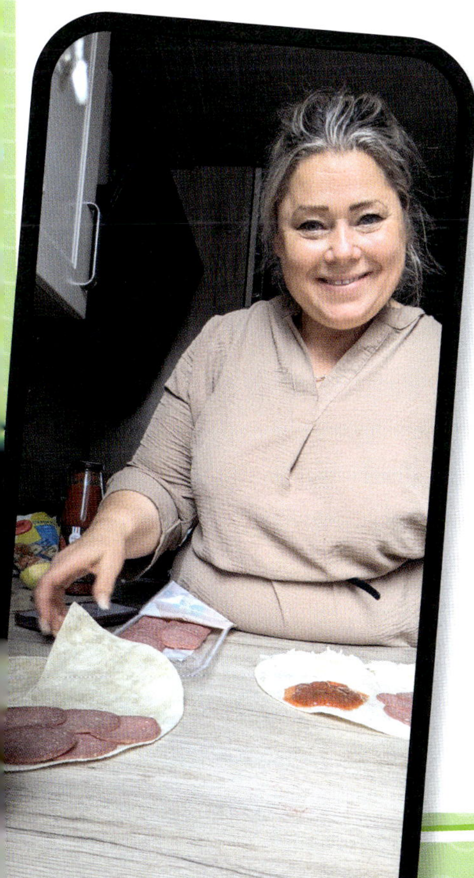

So geht's

1. Schneide den Taco und an einer Seite bis zur Mitte ein.
2. Belege jetzt die beiden unteren Viertel mit geriebenem Käse deiner Wahl.
3. Belege die beiden übrigen Viertel mit Salamischeiben und mit Tomatensauce.
4. Falte das linke untere Viertel auf das linke obere Viertel. Danach weiter auf das rechte obere Viertel und dann nach unten, sodass am Schluss alle Viertel in Schichten übereinanderliegen.
5. Lege die Quesadilla in eine vorgeheizte Pfanne und backe sie, bis sie goldbraun und der Käse geschmolzen ist.

CHEESEBURGER TACOS

Du brauchst für 5 Tacost:

1–2 Zwiebeln
3 Gewürzgurken
400 g Rinderhack
Salz
frisch gemahlener schwarzer Pfeffer
5 Tacos
2–3 EL Öl
1 Packung Cheddar
1 Kopf Salat
Burgersauce (Rezept siehe Seite 96)

Tipp: Mit ein paar Scheiben Tomate schmeckt das Ganze noch frischer.

So geht's

1. Schneide die Zwiebeln in kleine Würfel.
2. Schneide die Gurken in schmale Scheiben.
3. Würze das Hackfleisch mit etwas Salz und Pfeffer, ganz so, wie du es am liebsten magst.
4. Die Tacos mit Hackfleisch bestreichen und dieses richtig fest in die Tacos eindrücken, damit es beim Braten nicht abfällt.
5. In einer Pfanne etwas Öl erhitzen.
6. Lege 1 Taco nun mit der Hackfleischseite nach unten in die Pfanne und brate ihn goldbraun.
7. Drehe den Taco um und belege das Hackfleisch mit 1 Scheibe Käse. Lasse den Taco weiterbraten und lege einen Deckel auf die Pfanne, damit der Käse schön zerläuft.
8. Wenn der Käse geschmolzen ist, streue Salat, Zwiebeln und Gurken auf.
9. Gib zum Schluss noch die Burgersauce dazu.
10. Nimm den Taco aus der Pfanne und klappe ihn zusammen. Verfahre mit den restlichen Tacos genauso.

CHAKALAKA, BABY

Du brauchst

1 Ciabatta
1–2 TL Olivenöl
100 g italienischer roher Schinken (Prosciutto italiana)
1–2 TL Basilikumpesto
1 große Tomate
1 Burrata
1–2 TL Balsamicosirup
Knoblauchpulver (optional)

So geht's

1. Heize den Backofen auf 180 °C und backe das Ciabatta-Brot im Backofen schön goldbraun. Schneide es dann so auf, dass es an einer Seite noch etwas zusammenhängt, beträufle es mit etwas Olivenöl und belege es mit dem Schinken.
2. Bestreiche es mit Pesto.
3. Schneide die Tomate in kleine Würfel und verteile sie auf dem Ciabatta.
4. Zupfe den Burrata in Stücke und verteile sie ebenfalls auf dem Ciabatta. Gib noch mal etwas Olivenöl und Balsamicosirup dazu und klappe das Brot zu.
5. Wer möchte, kann noch etwas Knoblauchpulver darüberstreuen.

»HACKFLEISCH-HÄPPCHEN«

Eine ganze Packung Hackfleisch auf einmal einfrieren? Oft braucht man nicht alles oder nur wenig.

KARINAS LIFEHACK

Fülle das Hackfleisch in einen verschließbaren Beutel. Rolle jetzt das Hackfleisch ganz platt. Im Anschluss daran kannst du mit der stumpfen Seite eines Messers Portionen eindrücken. Jetzt kannst du das Hackfleisch einfrieren und portionsweise verwenden.

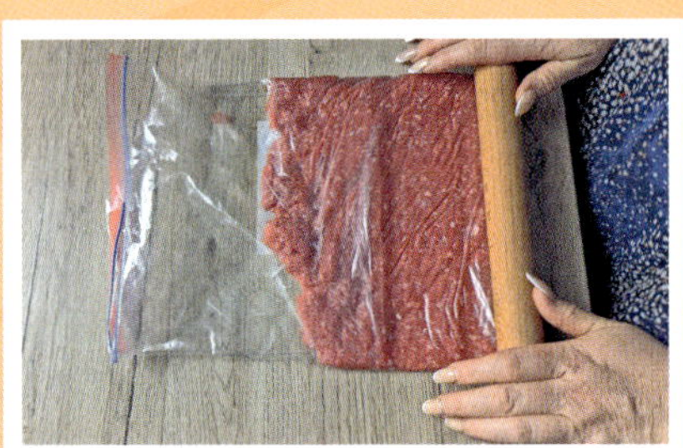

LIFEHACK
»PLATZFREIES ZITRONEN-EI«
Dein Frühstücksei platzt jeden Sonntag?
KARINAS LIFEHACK
Lege einfach beim Kochen eine Scheibe Zitrone mit ins Wasser, und deine Eier werden nicht mehr platzen.
LEUTE, WAAAAHNSINN, ES HAT FUNKTIONIERT!

Du brauchst

Käse am Stück (Cheddar und Gouda)
1 Ananas
Blaubeeren
Himbeeren
Erdbeeren
Weintrauben
Oliven (grüne und rote)
Cherrytomaten
Schinken
Salami

Außerdem:
Zahnstocher

So geht's

1. Schneide zunächst den Käse in mittelgroße Würfel. Du kannst übrigens auch verschiedene Käsesorten nehmen, Hauptsache, es schmeckt dir und deinen Gästen.

2. Verziere die Ananas mit den anderen Zutaten. Stecke die Käsewürfel mit Zahnstochern auf die Ananas. Achte darauf, dass du sie nicht gerade von oben nach unten anbringst, sondern schräg nach unten. Dann sieht das viel schöner aus.

3. Es folgen die Blaubeeren, Himbeeren, Erdbeeren, Weintrauben, Oliven, Cherrytomaten, Schinken und Salami.

4. Stelle die Ananas auf einen Teller oder integriere sie in ein Büfett. Das wird ein echter Hingucker.

GESCHMÜCKTE ANANAS

LIFEHACK

»TRAUBEN-TURBO-TWIST«

Jede Weintraube einzeln abzupfen? Das kann ganz schön dauern. Gerade wenn du unter Zeitdruck bist, suchst du vielleicht eine einfachere Lösung.

KARINAS LIFEHACK

Lege die Weintrauben komplett auf ein Handtuch und schlage es um die Weintrauben herum. Drücke jetzt leicht mit beiden Händen auf das Handtuch und bewege die Hände vor und zurück. Im Handumdrehen sind alle Weintrauben abgelöst.

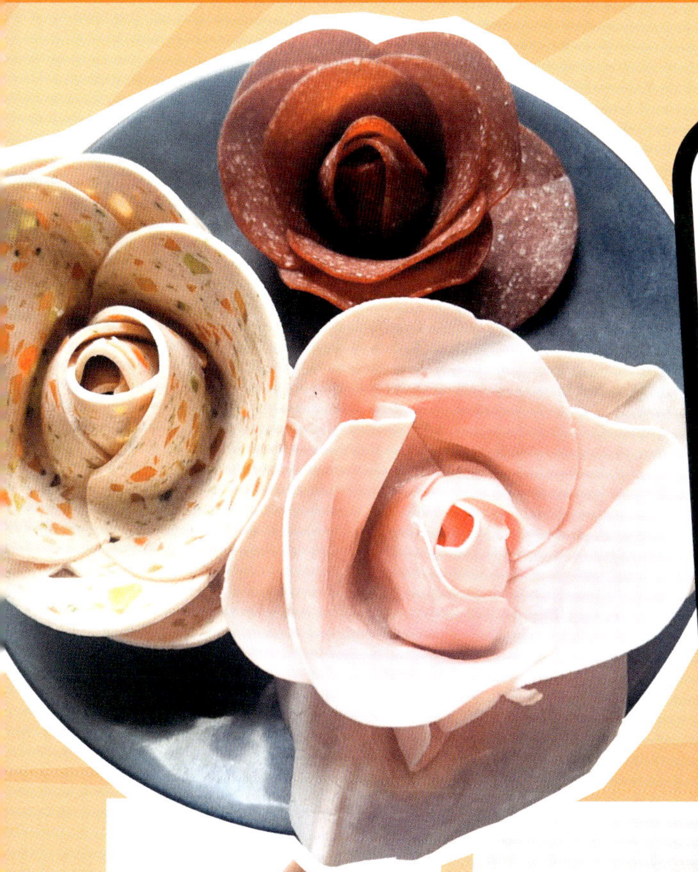

»WURSTBLUMEN«

Du suchst eine tolle, essbare Dekoration fürs Büfett oder eine andere Gelegenheit?

KARINAS LIFEHACK

Mit einem kleinen Schnapsglas lassen sich mit ein paar Handgriffen aus Wurstscheiben tolle Blüten zaubern, die echte Hingucker sind. Daher mein Tipp an dich: Probiersen!

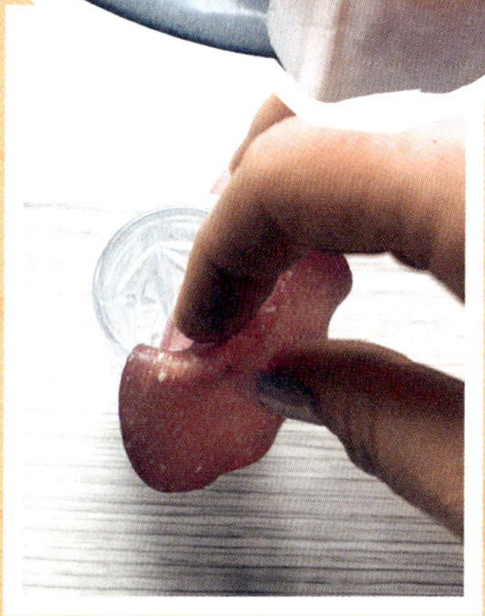

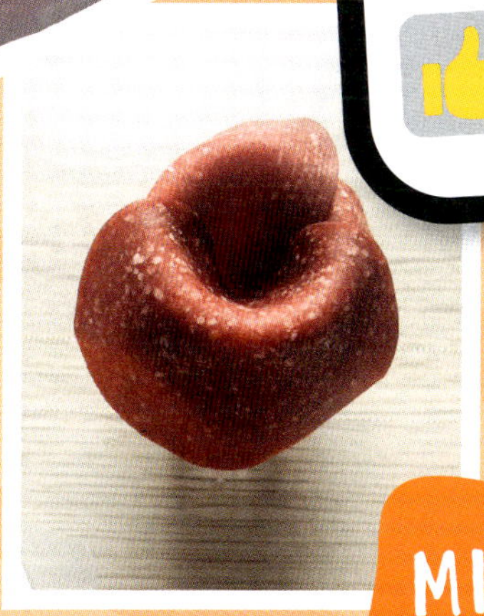

MIT LIEBE GEMACHT

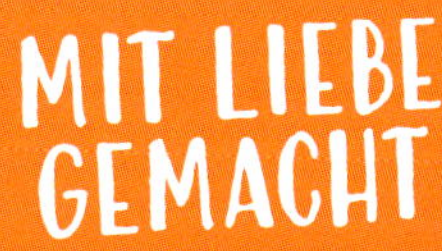

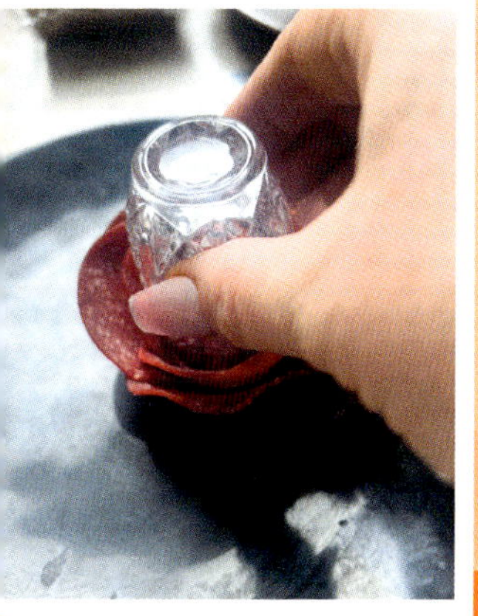

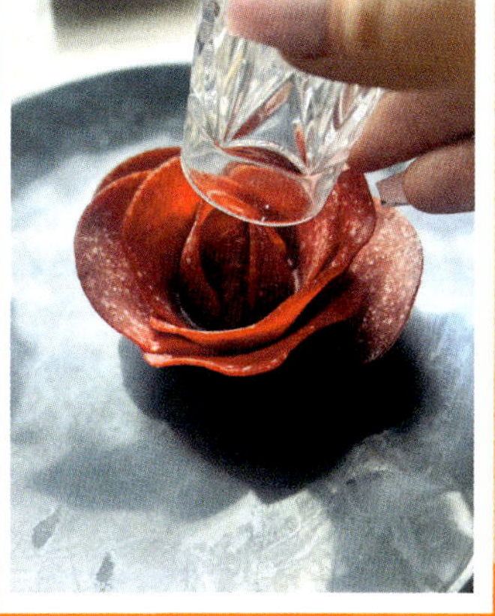

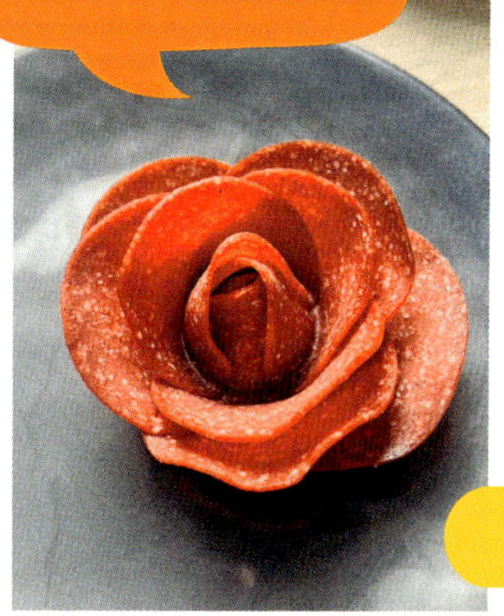

XXL CORN DOGS

Du brauchst

1 Mozzarella-Stick
1 Hotdog-Würstchen
3 mittelgroße Kartoffeln
3 EL Mehl
1 Ei
100 g Paniermehl
ca. 1 l Öl
etwas Senf oder Ketchup

Außerdem:
1 Schaschlikspieß

So geht's

1. Schneide den Mozzarella in längliche Würfel.

2. Schneide auch das Würstchen in Stücke, die ungefähr dieselbe Länge haben wie die Mozzarellawürfel.

3. Spieße die Mozzarellawürfel und Würstchenstücke abwechselnd auf einen Schaschlikspieß.

4. Bereite jetzt den Kartoffelmantel vor. Koche dafür die Kartoffeln und zerstampfe sie anschließend.

5. Mische das Mehl unter die zerstampften Kartoffeln.

6. Umwickle damit den Mozzarella-Würstchen-Spieß, sodass er einen richtigen Kartoffelmantel hat.

7. Schlage das Ei in eine längliche Schüssel oder auf einen Teller und verquirle es. Wende den Spieß darin.

8. Wende den Spieß anschließend im Paniermehl.

9. Frittiere den Corn Dog in einem Topf mit heißem Öl oder in einer Fritteuse goldbraun.

10. Serviere den Corn Dog mit etwas Senf oder Ketchup.

SANDWICH PFANNE

Tipp: Wer Lust hat und eine nicht-vegetarische Variante bevorzugt, kann zusätzlich eine Scheibe Schinken zum Käse hinzufügen.

Hinweis: Dieses Rezept eignet sich auch wunderbar als Snack für zwischendurch!

Du brauchst

2 Eier
10 g Butter oder Öl
2 Scheiben Toastbrot
1 Scheibe Käse (Cheddar oder Gouda)
1 Tomate
½ Avocado
einige Blätter Salat
Salz
frisch gemahlener schwarzer Pfeffer

So geht's

1. Gib die beiden Eier in eine Schüssel und mixe sie gut durch. Währenddessen kannst du schon eine Pfanne mit etwas Butter oder Öl erhitzen.
2. Gib die Eier in die erhitzte Pfanne, sodass der Boden der Pfanne vollständig bedeckt ist.
3. Lege nun die beiden Toastscheiben in die Eier und wende die Toastscheiben, sodass beide Seiten gut mit dem Ei durchweicht sind. Sobald das Ei etwas fest geworden ist, kannst du das Ganze wenden.
4. Nun die eine Hälfte mit dem Käse belegen, die Tomate in Scheiben schneiden und auf den Käse legen.
5. Auf der anderen Seite verteilst du die Avocado, in dünne Scheiben geschnitten, und darüber etwas Salat.
6. Nach Geschmack mit Salz und Pfeffer würzen.
7. Klappe nun die beiden Toastscheiben zusammen. Die Ei-Ränder kannst du mit einem Pfannenwender abtrennen und zusätzlich zwischen die Toasthälften schieben.

SPINATROLLE MIT LACHS

Du brauchst

1 Packung feiner TK-Spinat (450 g)
2 Eier
1 EL Mehl
2–3 EL Frischkäse
Salz
frisch gemahlener schwarzer Pfeffer
1 Packung Lachsscheiben (ca. 100 g)

So geht's

1. Taue den Spinat auf und gib ihn in eine Schüssel.
2. Gib die Eier und das Mehl hinzu und vermische alles gut miteinander.
3. Breite nun auf einem Backblech ein Stück Backpapier flach aus und verteile die Spinatmasse gleichmäßig auf dem Backblech.
4. Gare den Spinat ca. 30 Minuten bei 190 °C im Backofen, lasse ihn im Anschluss gut abkühlen.
5. Streiche dann den Frischkäse dünn auf die nunmehr etwas etwas gehärtete Spinatmasse und würze das Ganze mit etwas Salz und Pfeffer.
6. Verteile die Lachsscheiben locker auf dem Frischkäse.
7. Forme aus der Masse eine Rolle und wickle sie in Frischhaltefolie ein. Lege diese für ca. 1 Stunde in den Kühlschrank.
8. Nimm die Rolle aus dem Kühlschrank und schneide sie in dünne Scheiben.

Tipp: Serviere das Sushi mit etwas Sojasauce. Und wer es gerne scharf mag, kann auch noch etwas Wasabi-Creme hinzugeben.

So geht's

1. Beginne damit, den Reis schön weich zu kochen. Lasse ihn danach vollständig abkühlen.
2. Schnapp dir jetzt einen leeren Eierkarton. Den Eierkarton aufklappen und die Seite mit den Vertiefungen für die Eier mit Frischhaltefolie bedecken.
3. Schneide nun die Lachsscheiben in kleine Stücke und lege jeweils 1 Stück in jede Vertiefung des Eierkartons.
4. Lege nun je 1 dünne Scheibe Avocado auf den Lachs und schmiere zum Schluss etwas von dem Frischkäse darüber.
5. Fülle das Ganze bis zum Rand des Eierkartons mit dem gekochten Reis auf.
6. Schneide die Seetang-Blätter in kleine Vierecke und bedecke damit den Reis.
7. Lege noch mal etwas Frischhaltefolie darüber, klappe den Karton zu und stelle den Karton für ca. 1–2 Stunden in den Kühlschrank.
8. Klappe den Karton zum Servieren auf, entferne die obere Frischhaltefolie und stürze die gefüllte Hälfte des Eierkartons auf einen passenden Teller. Entferne die zweite Frischhaltefolie und fertig ist dein selbst gemachtes Sushi.

HOMEMADE SUSHI

Du brauchst

50 g Sushi-Reis/Klebereis
50 g Lachs (in Scheiben)
30 g Avocado
30 g Frischkäse (Chili)
1–2 Seetang-Blätter

Nach Geschmack
Sojasauce
Wasabi-Creme

Außerdem
Eierkarton
Frischhaltefolie

DANK

Mein Herz ist erfüllt von Dankbarkeit gegenüber Gott, für die Kraft, die Kreativität und die Wege, die mir gezeigt wurden. Meine geliebte Familie und treuen Freunde, eure bedingungslose Fürsorge und eure Liebe umarmen mich wie ein warmes Licht in dunklen Zeiten. Durch jede Herausforderung getragen von eurer Nähe, bin ich unendlich dankbar, euch an meiner Seite zu wissen. Möge diese Widmung ein kleines Zeichen der Liebe sein, das euch umhüllt und in euren Herzen widerhallt, so wie eure Präsenz in meinem Leben es tut.

Karina und Irene Krämer

Karina und
Frank Mutschke

1. Auflage

Hinweis: Die Ratschläge/Informationen in diesem Buch sind von Autorin und Verlag sorgfältig erwogen und geprüft, dennoch kann eine Garantie nicht übernommen werden. Eine Haftung der Autorin beziehungsweise des Verlags und seiner Beauftragten für Personen-, Sach- und Vermögensschäden ist ausgeschlossen.

Gender-Hinweis: Aus Gründen der besseren Lesbarkeit wird in diesem Werk an manchen Stellen auf die gleichzeitige Verwendung der Sprachformen männlich, weiblich und divers (m/w/d) verzichtet. Sämtliche Personenbezeichnungen und personenbezogenen Hauptwörter gelten gleichermaßen für alle Geschlechter. Die verkürzte Sprachform beinhaltet keine Wertung, sondern hat lediglich redaktionelle Gründe.

Bildnachweis: Alle Bilder sind von Frank Mutschke/pepperVista und karina2you
Coverbild: Christian M. Weiß, unter Verwendung eines Motivs von karina2you und Frank Mutschke
Illustrationen von Shutterstock.com: AbdulWariskhanyaseenzai, Annas_Kurniawan, Axel Aguilar, Coosh448, Daiquiri, dja-karta, DongIpix, Evdokimova Valentina, Hasbi_Creative, Hulahop, Izzul fikry, kridoarts, Lana Sham, Linan Manu, Mubeen Arif, riansa28, SoomO2020, SVPanteon, Tatgynsy, vectortatu, Victoria Sergeeva
Konzeption: Frank Mutschke/pepperVista
Projektleitung: Dr. Harald Kämmerer
Cover, Layout, Satz: OH, JA! (www-oh-ja.com)
Textredaktion: Susanne Schneider
Herstellung: Timo Wenda
Reproduktion: Mohn Media Mohndruck GmbH, Gütersloh
Druck und Verarbeitung: TBB, a.s., Banská Bystrica
Printed in Slovakia

Penguin Random House Verlagsgruppe FSC® N001967
ISBN: 978-3-517-10388-4
www.suedwest-verlag.de